语文教师小丛书

语文教师小丛书

国文学习法
（二种）

洪为法　胡云翼　著

图书在版编目(CIP)数据

国文学习法：二种 / 洪为法，胡云翼著. — 北京：商务印书馆，2023
(语文教师小丛书)
ISBN 978-7-100-22513-7

Ⅰ.①国… Ⅱ.①洪… Ⅲ.①语文课-中小学-教学参考资料　Ⅳ.① G633.303

中国国家版本馆 CIP 数据核字(2023)第 093888 号

权利保留，侵权必究。

语文教师小丛书

国文学习法（二种）

洪为法　胡云翼　著

商　务　印　书　馆　出　版
(北京王府井大街36号　邮政编码100710)
商　务　印　书　馆　发　行
北京市十月印刷有限公司印刷
ISBN 978-7-100-22513-7

2023年8月第1版	开本 787×1092　1/32
2023年8月北京第1次印刷	印张 7½　插页 2

定价：45.00 元

出版说明

本馆历来重视教育,自1897年创立迄今,以"昌明教育,开启民智"为宗旨,始终肩负中国新教育出版重任,编辑出版中小学、大学各科教科书,教学参考书,师范用书,移译各国教育书籍,分类编纂,精益求精,尤为教育界所欢迎。

我们确信,无论时代潮流如何变迁,教师始终应当具备丰富的文化知识。语文学科具有基础性和综合性的特点,语文教师尤其需要广泛吸取各类有益的思想文化知识,充实自己的头脑。承载这类知识的图书品种十分丰富。那些为语文教师所公认的经典好书,蕴含着丰富的知识思想和学术价值,值得反复阅读。过去,这些书或以单行本印行,或收入其他丛书,从语文教师文化知识积累角度而言,难成系统,不便于收集和查考。为此,我们在广泛征求意见的基础上,从满足语文教师专业成长需要出发,选择语文教育相关领域中为学界所公认和熟知的大家经典,汇编成"语文教师小丛书",陆续编辑,分辑印行,以期相得益彰,蔚为大观,既便于教师研读查考,又有利于文化积累。

晚清教育家张之洞说过:"读书宜有门径。泛滥无归,终身无得;得门而入,事半功倍。"愿这套丛书能够为语文教师指示一条读书的小径。希望海内外教育界、知识界、读书界给我们批评、建议,帮助我们把这套丛书出好。

商务印书馆编辑部

2017 年 1 月

目 录

国文学习法

（据亚细亚书局 1933 年版排印）

导言 ································· 胡云翼 *3*
    第一章　国语与国文 ······················· *3*
    第二章　国文学习的重要 ···················· *5*
    第三章　何为学习 ························ *9*
    第四章　一般学习法 ······················ *13*

读法 ······································· *23*
    第一章　读文的目的 ······················ *23*
    第二章　读者的修养与态度 ·················· *31*
    第三章　读文方法之研究（上） ··············· *43*
    第四章　读文方法之研究（下） ··············· *54*
    第五章　读书与札记 ······················ *62*
    第六章　读物的选择 ······················ *73*

作法

第一章 作文的工具 …………………………… *97*

第二章 作文与经验 …………………………… *106*

第三章 材料的搜集与整理 …………………… *112*

第四章 技巧的训练 …………………………… *117*

第五章 论字句篇章 …………………………… *124*

第六章 论各种文体 …………………………… *131*

国文学习法

（据中华书局 1935 年版排印）

第一讲 学习之始的三部曲 …………………… *139*

第二讲 介绍几个朋友 ………………………… *144*

第三讲 接近书籍的态度 ……………………… *148*

第四讲 捕捉时间和利用空间 ………………… *151*

第五讲 四到和四要 …………………………… *155*

第六讲 默读和朗读 …………………………… *161*

第七讲 精读和略读 …………………………… *165*

第八讲 读文的腔调和背诵的方式 …………… *171*

第九讲 三种文体的学习法 …………………… *179*

第十讲 关于札记 ……………………………… *185*

第十一讲　未作文以前……………………… *190*

第十二讲　既作文以后……………………… *194*

第十三讲　文库和学习团的组织……………… *198*

洪为法的国文教育观………………*崔余辉　徐林祥 203*

编后记………………………………………………… *231*

国文学习法

（据亚细亚书局1933年版排印）

题　记

　　为了供给中学生学习国文的方便，久已有意编一本《国文学习法》。只以年来居处不定，文债太多，迄未着手。今年夏天，勉力从事，写成"导言"一编。旋因远行而搁笔。回沪之后，书局催稿付印。适旧友洪为法先生亦来沪任教职，有意编这样的一本书。洪先生是具有十年的国文教学经验的，其担负这种著作的能力远胜于我。于是便请他续成"读法"与"作法"二编，合刊成书以问世。倘使这本书的出版，竟能于读者学习国文的效力上增进几分，则我们这种合作也不算全无意义的吧。

　　　　　　　　　胡云翼识二二，十一，二四，上海。

导言

胡云翼

第一章　国语与国文

什么是国文？"文"字的涵义，本来很多。但我们在这里的所谓国文，并不是用来专指中国文学或国学，也不是用来专指中国的文化与文明，乃是就学校课程里面的国文而言，其内容是包括文言文与语体文二者的。就普通讲起来，好像"国文"二字乃是文言文的专利品，其实，文言文固是国文，语体文难道就不是国文了吗？广义一点说，凡是中国的语言文字，都是属于国文的范围。我们学习国文，最基础的努力，也就是从事探讨语言文字的构造、组合及其运用。

本来，一国的语言文字是应该一致的，不应有国文与国语的区分。现代世界各国的文与语，大都相通。我国在辽远的古代，文字与语言原也一致，今所传的古籍如《易经》《书经》《诗经》里面，尚保留许多的古话文。后来，时变境迁，活动的语言，跟着时代不断地变下去；文字成了定型，且为好古之士所劫持，造成文字越古越好的风气，不随方俗活动的语言而变，于是文与语便分离了。

在战国时代，文体与语体已经分开，故秦始皇统一中国时，有"同文书"之必要。到了汉代，这种"同文书"的文字，变成了与方言远离的"尔雅艰深"的文言，不但百姓看不懂，就是那班小官吏也看不懂。（见胡适《白话文学史》）从此学习文字便变成了一件专门而艰难的事。贵族士大夫的著述文章，全用政府所倡导的文言，民间的制作歌唱，则只用语体。至于现代还是保留着文言与语体的对峙状态，还是两种文体并行。近人虽极力倡导语体文，新时代且确已走向语体文的世界，但是在历史上文言文所遗留的文化成绩，是绝对不可以抹煞而忽视的；并且文言与语体的界限也不是可以十分划分清楚，相关系联属的地方很多；故言及国文，文言与语体实不容偏废。

第二章　国文学习的重要

国文在各种课程里面，是最主要的一种科目，特别是在中学。倘使在中学没有树立很好的国文基础，则将来毕业后，无论在社会做事或是升学，都要遇着满身的困难。即就学习方面说，也以在中学的国文学习为最有效而适宜。因为小学生程度幼稚，学习的能力薄弱，不能理解运用严格的方法。到了大学，则是专门研究的时候了，不应该还在作初步的学习功夫。所以，就"能学习"与"需要学习"两点说，中学实在是一个紧要关头。

就中学教育的自身说，为求达到国文程度的完全目标，应注重学习，更是刻不容缓的事。据教育部最近颁布的中学课程标准所规定的国文目标是：

（甲）初中方面

一、使学生从本国语言文字上，了解固有的文化，以培养其民族精神。

二、养成用语体文及语言叙事说理表情达意之技能。

三、养成了解平易的文言文之能力。

四、养成阅读书籍之习惯与欣赏文艺之兴趣。

（乙）高中方面

一、使学生能应用本国语言文字，深切了解固有的文化，以期达到民族振兴之目的。

二、除继续使学生能自由运用语体文外，并养成其用文言文叙事说理表情达意之技能。

三、培养学生读解古书，欣赏中国文学名著之能力。

四、培养学生创造新语新文学之能力。

这个标准并不算过高，每一个中学毕业生能够自由读解中国书，能够用语言文字自由发表思意，实在是一件必要的事。但如我们以上列的标准来视察今之中学生，真是要令人失望万分！无论初中或高中的毕业生，不通是照例的，通顺乃是例外。其不能自由阅读平易的古书，无论已，即当代新刊青年应读的译著，他们也不能充分了解。

其不能用文言文自由写作，无论已，即作语体文也都是杂乱无章，思意不清。至于要他们了解固有的文化，具有创造新语新文学的能力，真是痴人说梦！

其实，平情而论，今之大学生的国文不通，尚且司空见惯，何况中学毕业生乎？今之中学国文教师尚且文理不清，尚且要把伯讷特萧误解成一种可吹的箫，把二十四桥误解作二十四座桥，把"白发三千丈"误解作白发真有三千丈之长，把胡佛、罗斯福当作中国人，笑话百出，更何况中学毕业生乎？

我们要解释中学生国文程度的何以低落，当然可寻出许多可以谅解的原因：第一，是由于中学校的课程过于繁重；第二，是由于中学校对于英文与数学的偏重；第三，是由于国文这劳什子本来就不容易图功，多用点工夫，也不见得有明显的进步，少用点工夫，也不见得就赶不上人家；因此学生对于国文，易起玩视厌倦之心，不紧张地去工作，遂致无法使其进步，而停滞于绝无生气的状态中。

现在，要替中学的国文打开一条生路，惟有注重学习的方法，以救济现在的许多缺陷。第一，教师的讲授，不容易引起学生深切的注意和记忆，往往讲过之后，便成为耳边风；故必须经过自身的学习，才能成为自己印象深刻的智识。第二，现在中学校里每一学期讲授三五十篇选文，实在是不够用；故必须学生有自习的方法，养成多读参考补充读物的能力。第三，国文原不易图功，若没有学习法，往往费尽心力，事倍功半，令人生苦海无边的惆怅；如学习得宜，则左右逢源，不要走那些冤枉路，最易引起兴趣，而获得研究学问的真效果。因为上述许多确立的理由，故中学生的应注重国文学习，实在有迫切的必要。

第三章　何为学习

什么叫作学习（learning）呢？据生理学家与心理学家的说法，学习是对于刺激的自然的感应，是全以生理上神经原的作用做基础。因为人类的神经原是具有感受器、动作器及传导器三种作用的，凡是外来的刺激，由我们的感觉器官接受后，即由神经原而传达至神经中枢，于是发生反应，这种刺激与反应的相互关系，便造成一种感应结（bond）。例如邂逅美人，为之驻足而观；路遇盗匪，立即逃避不遑。这美人与盗匪就是刺激，被这刺激所引起的"驻足而观"与"逃避不遑"便是反应。刺激不同，反应自也随之而异。所谓学习便是由于这种刺激与反应间的结合作用。例如一个儿童不认识"书"这个字，先生教他这个字怎样读，怎样写，怎样讲解；到了下次他遇到这个字时，便会读会写会讲解了。用心理学上的术语来说，这个

"书"字便是刺激,"会读会写会解"便是反应。这种刺激与反应的结合作用,用俗语说,便是"学会了"。

据桑戴克(Thorndike)说,学习的定律,有下列三种:

(甲)准备律(Law of Readiness)

一、准备动作,即得动作,动作后生愉快之感。

二、准备动作,而不得动作,则生不快之感。

三、不准备动作,而被迫动作,亦生不快之感。

(乙)运用律(Law of Exercise)

一、感应结经过一度使用,则力量增加一层。

二、感应结废置不用,则力量减少,久之至于消灭。

(丙)效果律(Law of Effect)感应结经过一次使用,发生愉快效果者,则力量增加;如发生烦恼结果者,则力量减少。

这三大定律,是生理与心理的必然现象,是学习的基础,为学者所应熟知。但是,若专从生理上与心理上来解释学习,在这里似乎还不够用,我们应该站在教育学的观点上,来说明学习的意义。我姑且先替学习二字定一个下列的界说:

"学习是构成习惯、经验、智识的历程。"

原来人类一切的习惯、经验与智识,都是由感应结不断的运用和练习而构成的,由此即可知学习的意义及其重要性了。杨贤江在其《学习法概论》上把学习作用的特性说得异常明了:

(一)学习作用是由内心发动的作用,不是由外界受动的作用。换句话说,就是为自力的,不是传授的。

(二)学习作用是选择作用,对于新境遇要选择有效的反应。可见学习不是盲目的尝试,也不止于机械的练习。

(三)学习作用是保持作用。凡是新习得的反应,须由某种形式,永远保留,为将来反应的根据。

(四)学习作用是改造作用。新经验不仅保留算了,还要把它的结果影响到心身的一部或全部而加以某种的改造。将来再逢相类的境遇时,便可做更有效的反应。

(五)学习作用以人的本性或本能的倾向为根基。学习作用的自身原为个人经验习得的作用,而由个人的经验以进步发达的;但它的根本实在于为种族根性的内部的本能的倾向，由这些倾向规定学习作用的根本形式及发达顺序。

这所谓"人性或本能的倾向""内心发动""选择""保持"及"改造"等作用，都是说明学习之教育的意义。桑戴克说："人性之最要者，在乎能变。""变"是全由学习而来的。倘使我们学习而不注重教育上的价值，则无论学做人或求智识都是要失败的。

这是我们对于学习应有的认识。

第四章　一般学习法

现在我们要进一步研究学习的方法。

学习之所以贵乎有方法，是要在最短期内用最经济的力量以获得学习上最大的效果。所谓聪明才智之士，其所优为者就是有方法，能运用，故往往"事半功倍"。从前人读书，全不讲究学习法，只一味去背诵：结果把《三字经》读得烂熟的人，有认识不了几个字者；把《孟子》《论语》读得烂熟的人，有全不懂书里面说些什么者。这自然不足为训。至于今之学生，则又往往一反古人之死板的读法，平时全不用功，急时始来"抱佛脚"，用尽投机取巧的方法，以求一时的记忆与熟练。结果，过了几天的考试期，一切都忘掉了。经济的学习法，既不是教你去作愚笨的记诵，也不是告诉你去作小聪明的取巧，乃是指示你一些正确的方法，这些方法是要你不断地去练习去运用的。

关于一般的学习法——研究任何学科都适宜的学习法，——值得我们注意者，有下列一些相联属的原则与应取的步骤：

（一）确立目的与计划

读书不是无所为而为的游戏，非先确立目的不可。没有目的的读书，见异思迁的读书，是盲目的，得不到什么益处。譬如海中行船，而不辨东西南北，其结果当然徒劳而无功。今之学问书籍，浩如烟海，要读尽中外典籍，势所不能，故必须先认定一个目的，跟着这个目的去努力，然后可以图功。黄山谷说："读书欲精不欲博，用心欲纯不欲杂。读书务博，常不尽意；用心不纯，讫无全功。"姜宸英说："读书不须务多，但严立课程，勿使作辍，则日积月累，所蓄自富。"照这两位学者的说法，我们要求精，固然不可不确立一个狭小一点的目的；即使要求博，也不可不先定一个狭小一点的目的，以便逐渐地去推广。例如我们要研究国学，便须先问：要研究诸子哲学呢？还是要研究史学呢？又如要研究自然科学，也得先问：要研究物理学呢？还是要研究生物学呢？不仅学一门功课，要有目的；即读一本书，读一节文章或一首诗歌，也必须有目的，决不应该胡乱去读。譬如读《史记》一书，在未读之前，便得问问自己：是要研究先秦时代的政治思想呢？还是要研究古代的风俗制度呢？还是要研究《史记》的文章呢？因为目的不同，研究的着手与注意点便迥然不同了。

有了确定的目的，即须订定工作的计划。计划是要分成几个步骤，有一定的程限。陈桓璧说："读书须立程限。立程限者，量自己资性，定为课程；早晨读某书，行数读多少；饭后看某书，章数看多少；午后灯下亦然。小立课程，大施工夫。如人走路，一日限定走几十里，务要赶到而后已。若不立程限，则作辍任意，散漫而无所稽。"这话是很对的。我们的计划不妨定得小点，不妨分得细点，确定每天学习的最低限度的程限，务须求其能够实行。先浅而后深，先普通而后专门，按部就班，促其实现。若最初即徒为高远的计划，事实上做不到，也是无益的。

（二）增进兴趣与毅力

兴趣是工作的推动力，没有兴趣，工作是死的；有了兴趣，工作才是活的。一个缺乏运动兴趣的学生，你偏偏叫他去踢足球、跑马拉松。一个文艺音乐的嗜好者，你偏偏叫他去研究天文学、地质学。其结果，自必效率减小，造就不深。这恰如朱熹所说，读书如人饮酒，若是爱饮酒人，一盏了又一盏吃；若不爱吃，勉强一盏便休。兴趣的作用，不仅是增加工作时的愉快，而且增加工作的效力，使学者事半功倍。增进兴趣的方法，虽不容我们呆板去规定，但亦有几点非注意不可者：第一，要选择适当的环境。读书的处所，最好是窗明几净，室雅宜人，以适身心。桌椅须高低合度，光线须从左边射来，文物等物须放在极便利的地方，以便工作。但这只是就可能的范围说。若环境恶劣，不能够有美满的设备，也应随遇而安，具有颜子住陋巷的精神。第二，要注意精神的疲劳。我们的精神是极宝贵的，须注意蓄养。读书固不可懒怠，亦不可工作过度。人到了疲劳的时候，勉强去读书，不仅减少工作的兴趣与效力，而且有损健康。《学记》上说："君子之学也，藏焉，修焉，息焉，游焉。"这就是说工作与休息是并重的。若能常在精神健旺时工作，使自己的成绩日新月异，随时有新的境地发现，兴趣自然也跟着增进了。

话虽如此，但我们也不可过于着重浅薄的兴趣。因为兴趣往往随感情心理与工作效率而变，不是一定能够持久的。这时候，就非有毅力来控制不可。读书的最大的趣味，原是和努力有关的。多一分努力，多一分了解，即多一分兴趣。例如练习数学上的难题，当着搜索枯肠，百思无计的时候，自然无兴趣之可言；若一旦演算出来，得心应手，如解连环，其乐亦难言状。做学问，无论哪一科，都有一个烦恼的时期,必须以绝大的毅力坚持着,以打破这难关。待这难关打破以后,读书的兴趣盎然而生,则要你舍弃书本也不可能了。

(三)集中注意与工作

从心理学上说,注意就是感觉的明度。多注意一分,即在我们意识界所感觉的明度大一分。所谓集中注意,即是把我们所学习的事情听命于脑子的指挥,垄断全部的意识界,使无暇映入其他的事象。因为人的想像在脑子里面是变动不居的,可以由上海想到巴黎,可以从大礼帽想到马桶,若不加以制裁,则脑子里将永远如演影戏一般表演下去。若果如此心猿意马,思入冥冥,则虽摆了一本书在面前,也必视同无物。故必须集中注意,摒绝遐思,把思想贯注于一个对象上面,养成"泰山崩于前亦不知觉"的专心致志的习惯,始足以收最大的功效。

注意力集中于一点以后,便须把工作紧张起来,我所谓工作的紧张,是要全身的总动员。常见许多男学生,眼里在看书,口里在唱《毛毛雨》,脚下在跳舞;许多女学生口里在念书,手里在打绒线。这样把工作分散,注意力便受着很大的影响,常常不能贯注。胡适说读书有四到:"眼到,口到,心到,手到"。这就是说要把全副精神与工作放在书本上。特别是手到一点,不可丝毫忽视的。要勤查字典辞典,要勤翻参考书,要勤于动笔批记书本,要以手执笔跟着眼睛一路标点下去。总而言之,读者不可将手离开口、眼、心,去作别的工作,也不可使之闲散休息。

(四)时间的长短与分配

学习既是刺激与反应的结合,则得到初步结合以后,我们必须反复练习,使这个结合更为强固。有许多人读书,高兴的时候,夜以继昼,拼命地读;喜欢某一本书的时候,恨不得一次把它读完——这是全然不对的。对于练习时间之长短及分配,据加司特、潘金司、狄朋、斯达奇、派尔、桑戴克诸氏研究的结果,得了下列几个可靠的结论:一、将练习的时间分布次数较多,每次用时较少,实远胜于集中练习于某一时间之内。二、每日练习一次效力最大,一天两次,或两天一次也可以,倘在一天内的练习超过两次,效力便微末了。三、每次练习的时间不宜过短,过短决无效力可言。四、每次练习的时间不可过长,若到了疲倦状态以后的练习,亦徒然荒废时间。五、在起首练习时,应注意集中练习,练习将至成熟时,应作分布练习。以上五个原则,对于阅读方面的练习都是适用的。

（五）经验保持的方法

经验的保持，有赖于记忆。没有记忆，学习即成为不可能。因为学习就是变更的意思，记忆即所以保持这变更。学习的有效与否，记忆实为一最重要的关键。儿童的记忆力，是与年俱进的，直至成熟时期（大约三十岁左右）以后，始无大进展。故在青年期内，实记忆力最旺盛的时候，宜努力于学习。记忆的种类不外两种：一为保持（retention），一为组合（organisation）。前者是堆砌的记忆，后者是有组织的记忆。我们须先保持各个分离独立的印象，然后将各个印象的联念组合起来，使成为理解的记忆。心理学家詹姆斯（James）说："记忆的增进，在乎增加联念，至于普通的记忆力，是变换不来的。"既然记忆力无法使其增进，则只有构成联念，使其系统化，组织化，俾便于保持。世间的大学者，有欠缺保持能力的，却没有不富于组合联念之能力的。这是我们应特别训练的地方。

据皮恩氏（Bean）的发现，学习的程度愈熟者，遗忘较慢；分布学习者，比集中学习遗忘较慢；有意义的材料之学习，比无意义材料之学习遗忘较慢。而遗忘之速率，则先快而后慢。根据这些原则，我们必须注意者：一、学习要勤，使臻于最熟练之境，不要强记于一时。二、不要求速成，恨不得把几十天的功课一天便学好，只顾集中去练习；应分布练习于较多的时期。三、使无意义的材料变为有意义。（如我们检查字典的歌诀："一二子中三丑寅，四卯辰巳五午寻，六在未申七在酉，八九戌集余亥存。"）四、方停止学习的时候，练习的次数须比较多，练习的时间须比较长。嗣后次数可逐渐减少，时间也可以逐渐减短。

若对于一件工作的学习完全成功以后，我们的练习也许要暂时停止，以进行别种工作的学习。可是，我们决不可以从此便永远束之高阁，不再复习它。要是只有学习，而不复习，则所保持的记忆与经验，必终于忘却。语云"学而时习之""温故而知新"，这两句话是我们应该终身服膺勿忘的。

普通学习法，大概如上面所举。此外我们还要特别注意的，是要养成善于怀疑的精神。读书而不善怀疑，则虽有方法，亦往往不能致用；虽手不释卷，亦往往白花许多功夫。孟子曾经说过："尽信书不如无书。"宋儒张载也说："读书先要会疑，于不疑处有疑，方是进矣。"又说："在可疑而不疑者，不会学；学则须疑。"当代学者胡适更说："宁可疑而错，不可信而错。"这些话都是对的。我们读古书，不可不多疑，因为古代的伪书、伪史料、伪诗词和矛盾不合逻辑的思想太多了。譬如《诗经》里面的第一首"关关雎鸠"，明明是相思之辞，注疏者竟说是咏后妃之德，这是对的吗？譬如《书经》，西汉只有"今文"一种，后来忽有人在孔氏壁中寻出一部"古文"《尚书》来，内容与今文《尚书》完全不同，这是可靠的吗？又如《苏李诗》，相传乃绝域赋别之辞，而诗有"江汉"之语，这是可靠的吗？我们若尽信书，则这些地方一定要含糊过去；假如抱着怀疑的态度，则这些地方便成为重大的研究问题。夏禹明明是三代的圣人，顾颉刚竟能找出许多证据说他是一条龙；《史记》中的《屈原传》明明是一篇记载翔实的文章，胡适竟能于其中找出许多矛盾点出来，从而推测古代并无屈原其人。诸如此类的怀疑，虽不必都成为确论，这种怀疑的精神实在是很对的。至于读现代的书，更不可不多疑。因为现在书报充斥，思想庞杂。名流学者的言论思想不一定正确，著作家的作品也不一定通顺，决不可轻于接受采纳。必须时时抱着批评的、反对的态度，对于任何问题，都要细心质疑，反复诘难，追问几个"何以故"。这样慎密地训练下去，则学问思想自然会进步的。

读法

第一章 读文的目的

国文所研究的,简而言之,只是"读"与"作"的两大问题。现在先从"读"的方面讲起。

读文的目的,约有下列几种:

(一)增进知识

学术文类多以授与知识为主。中等学校课程分类简单,国文竟可以说是传授各种知识的大本营。说明文与记叙文里面,最多这一类的作品。例如蔡元培的《图画》:

> ……中国画家自临摹旧作入手,西洋画家自描写实物入手。故中国之画,自肖像而外,多以意构;虽名山水之图,亦多以记忆所得者为之。西人之画,则人物必有概范,山水必有实景;虽理想派之作,亦先

有所本，乃增损而润之。中国之画，与书法为缘，而多含文学之趣味；西人之画，与建筑雕刻为缘，而佐以科学之观察，哲学之思想。故中国之画以气韵胜，善画者多工书而能诗。西人之画以技能及义蕴胜，善画者或兼建筑、图画二术，而图画之发达常与科学及哲学相随焉。中国之图画术，托始于虞夏，备于唐而极盛于宋；其后为之者较少，而名家亦复辈出。西洋之图画术，托始于希腊，发展于十四、十五世纪，极盛于十六世纪。近三世纪，则学校大备，画人夥颐；而标新领异之才亦时出于其间焉。

这段文章所告诉我们的，是中西画法之异同及其发展略史。我们读此文章，如忽视其所述的画的知识部分，则所得将等于零。在中学里面没有哲学的课程，但可以从许多文章获得一些哲学的知识；在中学里面没有社会学的课程，但可以从许多文章获得一些社会学的知识。我们有时候可以在国文里面读到许多名人的传记，比历史课程所讲的还要详；有时候可以在国文里面读到许多游记，比地理课程所讲的还要详。

（二）启发思想

授与知识的文章，只告诉我们这是什么，那是什么，态度是客观的。启发思想的文章，则告诉我们应该怎么样，态度是主观的。大概论辨一类的文章多半属于思想的发挥。例如张天化译的《波特列亨利演说词》：

……诸君皆曰："吾人小弱，不能当劲敌。"噫，是何言也！若必待强盛然后与之抗，则强盛期于何日乎？一旬乎？抑一年乎？吾恐自今再迟数日，即此仅有之兵器，亦将被剥夺而无余。英国之徒兵，已每户屯聚矣。吾人至今尚能优柔寡断，自误时机，高枕安卧，空望不可恃之和平，虚待他日之强盛，以静待敌人之桎梏加于吾颈乎？吾人所恃为从天赐予之力，若能尽其所有，决非小弱，何劲敌之足畏？我有众三百万，同心戮力，共举自由之义旗，同据权利之坚城，守其国土，彼虽有坚甲利兵，安能敌我！且吾人非仅仅以力战也，实以正义人道与之相周旋。爱义憎暴，实上帝之心，故上帝必能福我也。今敌人欲侵弱暴寡而废正义，故吾人应秉持正义，起而与之争，虽势穷力竭，上帝必降援军以救吾。而况师出必有名，今仅凭暴力，必致败亡。若我仁义之师，堂堂之阵，勇往直前，必能克敌而无疑。吾人困于进退维谷之势，偷安苟且，欲战不前，欲退不服，既已稍失时机；倘再蹉跎，退而不战，则舍甘为牛马奴隶之外无他矣。今敌人多年炼就欲加于吾人颈项之铁锁，戛戛之声，已闻于波斯顿之原野矣。势迫如此，虽欲不战，岂可得乎？故吾人当求速战！当求速战！诸君尚频唱交亲和睦之说；今和睦已无望矣，虽欲稳健持重，而亦不可得矣。战端已开，北风过处，时铮铮于耳鼓者，非敌人铁骑之声乎？呜呼！吾同胞弟兄，宜速赴战场，何尚安居于此，不执干戈而起耶？

凡是有主张、有见解、论列是非、富于宣传性的文章，往往是以激动读者的思想为主。因为文章作得有力之故，许多中学生的思想，多从国文里面得来。譬如我们读了墨子的《非攻》，很容易引起对于战争的痛恶；读了胡适的《东西洋文明的界线》，很容易感觉到东方文明的缺陷。这在思想的影响上，比什么公民与党义要大得多。不过，一篇好文章所表现的思想，也并不全然是正确的，只求其能引起读者的考虑，以养成爱思想的习惯便够了。

（三）训练文章

我们读文，除了知识与思想的受益外，最重要的是训练如何作文章。特别是抒情文与写景文，既非授与知识，亦非发抒思想，完全注重在文字的描写，则我们只有从文章的技巧方面去探讨其价值。例如刘鹗《老残游记》中写王小玉的说书：

> ……王小玉便启朱唇，发皓齿，唱了几句书儿。声音初不甚大，只觉入耳有说不出来的妙境：五脏六腑里像熨斗熨过，无一处不伏贴；三万六千个毛孔，像吃了人参果，无一个毛孔不畅快。唱了十数句之后，渐渐的越唱越高，忽然拔了一个尖儿，像一线钢丝抛入天际，不禁暗暗叫绝。那知他于那极高的地方，尚能回环转折。几转之后，又高一层，接连有三四叠，节节高起，恍如由傲来峰西面攀登泰山的景象：初看傲来峰削壁千仞，以为上与天通，及至翻到傲来峰顶，才见扇子崖更在傲来峰上；及至翻到扇子崖，又见南天门更在扇子崖上。愈翻愈险，愈险愈奇！那王小玉唱到极高的三四叠后，陡然一落，又极力骋其千回百折的精神，如一条飞蛇在黄山三十六

峰半中腰里盘旋穿插。顷刻之间，周匝数遍。从此以后，愈唱愈低，愈低愈细，那声音渐渐的就听不见了。满园子的人都屏气凝神，不敢少动。约有两三分钟之久，仿佛有一种声音从地底下发出。这一出之后，忽又扬起，像放东洋烟火，一个弹子上天，随化作千百道五色火光，纵横散乱。这一声飞起，即有无限声音俱来并发。那弹弦子的亦全用轮指，忽大忽小，同他那声音相和相合，有如花坞春晓，好鸟乱鸣。耳朵忙不过来，不晓得听那一声的为是。正在撩乱之际，忽听霍然一声，人弦俱寂。这时台下叫好之声轰然雷动。

文章的技巧，各家不同。尤其是著名的作者，往往具有独特的风格。我们虽不赞成模拟，但在文章还没有作得好以前，潜心于名著当中去训练作文的方法与技巧，也是必要的事。

（四）鉴赏文学

国文的范围，不限于文学，但文学实在占国文一个重要的部分。在国文教本及补充读物中常有诗词小说及剧曲等纯文学的作品，供我们的阅读。这种纯文学作品所

表现的是净化的美感,我们必须以审美的态度来鉴赏它。例如:

归园田居(其一)

陶潜

少无适俗韵,性本爱丘山。误落尘网中,一去三十年。羁鸟恋旧林,池鱼思故渊。开荒南野际,守拙归园田。方宅十余亩,草屋八九间。榆柳荫后檐,桃李罗堂前。暧暧远人村,依依墟里烟。狗吠深巷中,鸡鸣桑树颠。户庭无尘杂,虚室有余闲。久在樊笼里,复得返自然。

燕歌行

高适

汉家烟尘在东北,汉将辞家破残贼。男儿本自重横行,天子非常赐颜色。摐金伐鼓下榆关,旌旗逶迤碣石间。校尉羽书飞瀚海,单于猎火照狼山。山川萧条极边土,胡骑凭陵杂风雨。战士军前半死生,美人帐下犹歌舞。大漠穷秋塞草腓,孤城落日斗兵稀。身当恩遇常轻敌,力尽关山未解围。铁衣远戍辛勤久,玉箸应啼别离后。少妇城南欲断肠,征人蓟北空回首。边风飘飖那可度,绝域苍茫更何有?杀气三时作阵云,寒声一夜传刁斗。相看白刃血纷纷,死节从来岂顾勋?君不见沙场征战苦,至今犹忆李将军。

长干行
李白

妾发初覆额,折花门前剧。郎骑竹马来,绕床弄青梅。同居长干里,两小无嫌猜。十四为君妇,羞颜未尝开。低头向暗壁,千唤不一回。十五始展眉,愿同尘与灰。常存抱柱信,岂上望夫台。十六君远行,瞿塘滟滪堆。五月不可触,猿声天上哀。门前迟行迹,一一生绿苔。苔深不可扫,落叶秋风早。八月蝴蝶黄,双飞西园草。感此伤妾心,坐愁红颜老。早晚下三巴,预将书报家。相迎不道远,直至长风沙。

读了陶潜的《归园田居》,令人生高逸之想;读了高适的《燕歌行》,令人生悲壮之感;读了李白的《长干行》,令人生缠绵之情。文学最大的功用,是陶冶性情,体验人生,使人类的生活丰富起来。故对于文学名著的鉴赏,实为研究国文一件最有意义而且容易唤起读文兴趣的工作。

第二章　读者的修养与态度

（一）工具的备置

孟子曾经说过："工欲善其事，必先利其器。"这里所说的器，便是我们所说的工具。读国文时需要的工具是什么呢？纸墨笔砚，在读文时是必须放在面前，这是人所周知。因为我们读到快意时，有时要在书上加以勾画或圈点。古人读经书，常用这么一个方法：就是经文用朱点，注疏通用黄笔点一过，注疏家言惬意者以朱圈识之，疑处紫点。近人读书，遇重要处或惬意处勾画出来，或在句子旁边画红黑线，或在节段旁边加上笺注。这是读书时应有的方法。此外读了有心得，要摘录下来供将来的引用等等，也是必要的。凡此必须用眼睛来看，用嘴来读，用手来写，在读文时是三位一体，缺一不可。而纸墨笔砚在这种情况下必须备置，也是理所当然的了。从前的人称纸墨笔砚是"文房四友"，亲之为友，这是很有见地的说法。

其实除纸墨笔砚之外，在读文时还有更重要的工具，更不可不备置的，那便是字典和词典。字典和词典，比自己的教师还重要，因为它们可以和你形影不离，可以有问必答。胡适之劝学英文的人省几个钱买一部好的大辞典，以为这比寻找教师还重要。其实现在的青年虽无好的英文大辞典，却总有一部小小的英文字典。而中文字典，则十之八九是没有，更不必说词典了。学习国文不备字典，等于要吃饭不备碗筷，在学习时必增添许多的困难。同是一个难解的字，教师或朋友向你解释一遍，你常会如春风过耳，转瞬便忘却了，如能查一查字典，费你一点时间，你对于这个字必比较地能牢记着。又何况我们可以随时随地读文，而良师益友能够帮助你解决困难的却不能随时随地地跟随着你，像侍从你的武官一样。倘若你在无良师益友之时，字典词典等等又未备置，势必不求甚解，含糊了事，这对于自己不是一种很大的损失吗？所以字典词典是国文学习时最重要的工具，必须备置，而且必须备置比较好的。简陋的字典，谬误百出的词典，和不堪任教的教师一样，对于你非但无益，且足以引你入于歧途。时间精力的抛荒还在其次。既入歧途，习惯已成，谬误已深，以后便不容易矫正过来,这是如何的危险!

梁绍壬的《两般秋雨庵随笔》上有一段关于毛西河的故事:

> 西河先生凡作诗文,必先罗书满前,考核精细,始伸纸疾书。其夫人陈氏,以先生有妾曼殊,心常妒恨,辄詈于诸弟子之前曰:"君等以毛大可为博学耶?渠作七言八句,亦须獭祭乃成。"先生曰:"凡动笔一次,展卷一回,则典故终身不忘,日积月累,自然博洽;后生小子,幸仿行之,妇言勿听也!"

毛大可以为"凡动笔一次,展卷一回,则典故终身不忘",这是骈文家普通的行动,我们原不须仿行。但是在读文时如能遇疑难处,即不惮烦地检阅字典词典一次或几次,确可使你对于疑难的地方能涣然冰解,"日积月累,自然博洽",这是当然的结果。

(二)学习氛围的造成

有了学习国文的机会,就要随时学习,不可辗转蹉跎。在每次刚要开始学习的时候,最好先造成一种学习的氛围,引起学习的兴趣。譬如说,在"秋天一夜静无云,断续鸿声到晓闻"的光景中,你是不是常会引起悲秋的情感呢?在"春风淡荡景悠悠,莺啭高枝燕入楼"的光景中,你是不是常会引起游春的兴致呢?这就是说某一种氛围常能引起我们某一种的情感和行动。所以我们为要促成国文学习这一件事的实现,先造成一种学习的氛围是必要的。如先展开书本,磨墨,取笔,使得自己的心境上先有一种暗示,以为学习国文的时候到了,注意便会慢慢集中,学习起来,便不会心慌意乱,茫无头绪的样子。清人郑日奎在他作的《醉书斋记》上有这么几句话:"甫晨起,即科头拂案上尘,注水砚中,研磨及丹铅,饱饮笔以俟。"这是形容他每天开始读书的情形,他是很知道造成一种学习的氛围的。凡是学习一件事,必须经过三个阶级,就是"勉而行之,安而行之,乐而行之"。我们要使"勉而行之"的这一阶级,很快地过去,就得要在不知不觉之间养成学习的习惯。这造成一种学习氛围的办法,便是养成最初时的习惯。姜南的《学圃余力》上记载着苏东坡的一段故事:

> 一日,东坡在黄州雪堂读杜牧之《阿房宫赋》,凡数遍。每读彻一遍,即再三咨嗟叹息,至夜分犹不寐。有二老兵,皆陕人,坐久,甚苦之。一人长叹操

西音曰:"知他有甚好处?夜久寒甚,不肯睡,连作冤苦声。"其一曰:"有两句好。"其一人大怒曰:"你又理会得甚底?"对曰:"我爱他道'天下之人,不敢言而敢怒。'"叔党卧而闻之,明日以告东坡。东坡大笑曰:"这汉子也有识鉴。"

苏东坡读《阿房宫赋》,居然老兵也能鉴赏两句,这是老兵受了东坡的暗示,而于不知不觉间引起了注意,由注意而又赏识了"天下之人,不敢言而敢怒"这两句妙文。于此可知暗示在学习上的力量。这造成一种学习氛围的办法,就足以给予我们一种关于学习上的强烈的暗示。别人不会有意地代我们造成这氛围,惟有我们自己代自己造成。前面说的先展开书本,磨墨,取笔,不过就其最显明的举个例子。学习国文的人,倘能准此类推,必可随时随地找到造成学习氛围的方法。

(三)随地读书

至于学习国文的地点,多数人以为宜在幽静的处所,可以免得无谓的纷扰和人声的嘈杂夺去学习者的注意。自然,我们在读文时,窗明几净,足以使我们胸怀舒畅,容易使我们注意集中。但是我们若养成非窗明几净不可读文的习惯,则一遇到窗不明,几不净,便无读书的兴趣了。在现在这样纷扰的时代,就不易每个人都有一窗明几净的读书处所。即暂时有了,也不见得永远能保持着这种景况的。所以我们要养成不论什么地点都可读文的习惯。环境坏一点,我们也可适应着环境造成一种学习的氛围,引起读文的兴趣。欧阳修在他著的《归田录》上说:"钱思公虽生长富贵,而少所嗜好。在西洛时,尝语僚属言,平生惟好读书:坐则读经史,卧则读小说,上厕则阅小辞。"又说宋公垂在史院时,"每走厕,必挟书以往,讽诵之声,琅然闻于远近"。既然厕所也可以读书,读时也可发生兴趣,还有什么地方不好读书呢?

今之学校中,每于考试之前,学生生恐不及格,正式的自修时间过去后,还想孜孜矻矻,夜以继日,于是群聚在路灯之下,或是厕所之中,(因为惟有这些地方才有灯火)既不嫌寒风刺骨,也不嫌恶气袭衣襟,这是因为有"考试"在后面鞭策着他,使他注意集中于及格问题,也就不觉寒风之寒,恶气之恶了。在这里,我们正可看出读书之地点,不是一定要窗明几净,像深山古寺一样的幽寂,只要自己决心读书。不过像学校考试前的情形,是被动的,在内心里总还有些不愿意,在行动上也就有些勉强。倘使是自动的,任何地方皆可读书,皆可造成读书的氛围，引起读书的兴趣。

（四）随时读书

从空间再说到时间。从前三国时的董遇因为从他求学的人苦恨没有学习的时间，他便说要利用三余，就是"冬者岁之余，夜者日之余，阴雨者时之余"。叶廷琯在《鸥陂渔话》上说："清朝朱高安相国冬夜读书时，'抗志怀三古，孤吟惜四余'，谓三余并公余也。"又说："余谓居官者能偷闲读书，固当以公余列为四余；若穷而在下，耄犹嗜学，则应以'老者生之余'易之，以配董遇之三余，此则吾辈之四余也。"不管是董遇的三余，或是朱高安相国的四余，又或是叶廷琯的四余，总是主张利用时间读书。本来时间是稍纵即逝的，逝去了就无法挽回，我们如不利用时间，结果便是浪费时间。从前有四句诗讥笑懒于读书的人，可谓淋漓尽致。这四句诗是："春天不是读书天，夏日炎炎正好眠，夏去秋来冬又到，不如收拾过新年。"今天推到明天，春天推到夏天。岁月如流，像还债一样地延宕读书的日期，结果便终身无适当的读书的时候了。

近来的学生，对于国文多很荒疏，问到他们，就说是没有时间，以为每日的时间都被数理化等科分割完了。其实是要怪他们不善利用时间。若是他们能利用时间，每天总可腾出一些读国文的机会。譬如在三餐之后,徘徊于草场,或当旭日东升,或当皓月丽空,这时正可背吟几首小诗小词,以舒畅其胸襟。这是一种复习,这便是读文的好机会;只要你会利用,随时都有的。

(五)专心、细心和恒心

记得《孟子》上有一段话说:

> 今夫弈之为数,小数也,不专心致志,则不得也。弈秋,通国之善弈者也。使弈秋诲二人弈,其一人专心致志,惟弈秋之为听;一人虽听之,一心以为鸿鹄将至,思援弓缴而射之,虽与之俱学,弗若之矣。为是其智弗若与?曰:非然也。

学弈要专心,读文也要专心,专心是学习时必要的条件。不专心,就是不在意;不注意,就印象模糊;印象模糊,则结果费了学习的时间,却无学习的收获,还不是等于不学习吗?再举郑日奎的《醉书斋记》做例子。记中说:

> 至会心处,则朱墨淋漓渍纸上,字大半为之隐。有时或歌或叹,或笑或泣,或怒骂,或闷欲绝,或大

叫称快，或咄咄诧异，或卧而思，起而狂走。家人睸见者悉骇愕，罔测所指，乃窃相议。俟稍定，始散去。婢子送酒茗来，都不省取。或误触之，倾湿书册，辄怒而加责，后乃不复持至。逾时或犹未食，无敢前请者。惟内子时映帘窥余，得间，始进曰："日午矣，可以饭乎？"余应诺。内子出，复忘之矣。羹炙皆寒，更温以俟者数四。及就食，仍挟一册与俱，且啖且阅。羹炙虽寒，或且味变，亦不觉也。至或误以双箸乱点所阅书，良久，始悟非笔，而内子及婢辈，罔不窃笑者。夜漏坐常午。顾僮侍无人在侧。俄而鼾震左右，起视之，皆烂漫睡地上矣。客或访余者，刺已入，值余方校书，不遽见。客伺久，辄大怒诟，或索取原刺，余亦不知也。

这是郑日奎读文的情形，这种情形便是专心的表现。他在这时，已经将自己整个的生命浸沉在书的里面，走到另外一个忘我的境界里去。这是我们所应心向往之的。

只是专心还不够，又要细心。不细心则不能深入，不能深入，则所得有限。褚稼轩的《坚瓠集》上载有一段笑话说：

汴中有从九保举知县者,莅任后坐堂审案,吏开点名单,首列"计开"二字。以朱笔点之,吏不便显言,诡词答曰:"计开未到。"及审第二案,又见"计开",仍以笔点之,吏仍白未到。遂大怒云:"今日两案,俱是计开为首,乃敢抗传不到,明系差役买放飞签。"欲责役,急呼曰:"计开不是个人。"令云:"因其不是个人,所以要拿。"将吏重责,限三日解案。退堂后,幕友告其故,始免缉云。

这是笑话,未必真有其事。在这里引来,正好借此谈谈读文要细心。这位知县,既是识字的人,也晓得"今日两案,俱是计开为首",而吏役后来说"计开不是个人",还闹出"因其不是个人,所以要拿"的笑话来,总怪他太不细心。第一,计开之后,必有某某几名,如数一数,就知道计开不是个人。第二,既然"今日两案,俱是计开为首",这是不必有的事实,一人犯罪虽多,也可一并审问,点名单上何必分写,又何必都以计开为首,又显然地告诉他计开不是个人。第三,自己既是识字的人,吏役又明明告诉他"计开不是个人",而他却又误会"不是个人"是"不是个好人"。他真是粗心又粗心,所以铸成大错,弄成笑话。我们读文,如不细心,便会常常黑白不分,认非为是。像"计开"这样的笑话,说不定也会弄出来的。

末了,细心之外,更要恒心。《孟子》上说:"虽有天下易生之物也,一日暴之,十日寒之,未有能生者也。"没有恒心,便是一暴十寒,无论做什么事都无好结果。学习国文亦然。要养成恒心,首应不畏难。胡适说得好:"读书是为了要读书,多读书更可以读书。最大的毛病就在怕读书,怕读难书。越难读的书我们越要征服它们,把它们作为我们的奴隶或向导,我们才能够打倒难书,这才是我们的读书乐。"在读文时,我们如遇到难关就畏难退缩,结果会使你难关愈过愈多,如努力地逐渐打破这难关,难关渐少,兴味就渐增。次则应不浮夸。倘是稍有所得,便自以为是,又何能续有进益?明人刘元卿的《应谐录》上有一段故事说:

汝有田舍翁,家资殷盛,而累世不识之乎。一岁,聘楚士训其子。楚士始训之搦管临朱,书一画,训曰一字;书二画,训曰二字;书三画,训曰三字。其子辄欣欣然掷笔,归告其父曰:"儿得矣!儿得矣!可无烦先生,重费馆穀也。请谢去。"其父喜,从之,具币谢遣楚士。逾时,其父拟征召姻友万姓者饮,令子晨起治状。久之不成,父趣之。其子恚曰:"天下姓字夥矣，奈何姓万？自晨至今，才完五百画也。"初学士偶一解，而即诇诇自矜有得，殆类是已。

这田舍翁的儿子既不专心学习，细心学习，更无学习的恒心，所以只学了三个字，就以为其他一切可以准此豁然贯通，等到应用时，不怪自己的浮夸，转怪人家不应姓万，真是"其愚不可及也"。朱熹说："看文字须如猛将用兵，直是鏖战一阵；酷吏治狱，直是推勘到底，决不恕他。"前两句就是要我们不畏难，后两句就是要我们不浮夸。

第三章　读文方法之研究（上）

说到读文方法，这里拟分两部分来研究：第一部分是一般读文方法；第二部分是分论记叙文、抒情文以及议论文的研究法。现在先说一般的读文方法。

（一）默读和朗读

在学习国文时，"读"是很重要。因为读不但可以利用眼睛来记忆，并且可以利用耳朵来记忆，而读时喉间筋肉的活动也有助于记忆。"读"分两种，即朗读和默读。近人很有反对朗读的，以为不如默读的好。就表面上看，似乎默读可以免去声浪的嘈杂，可以减少学习的时间。其实默读并非默看。默读还是需要读，不过细声诵读，别人虽不能听见，而在他自己是不会停止了喉间筋肉的活动，自己的耳朵还是要觉察到的，和朗读实在没有什么大不同的地方。只有默看是不要读，不过在默看时，常会使你眼光在读本上转移得太快，有时眼光竟会在模糊中遗弃了读本上一节或一行未看。倘使你愿意学陶渊明"不求甚解"还可，如其"必求甚解"，默看所给予你的损失便大了。并且还有一点。在默看时，读本中的难解字句又常会模糊看过，漫不经心。假如有人提出来问你，虽是你已看过，也能使你瞠目无所答。若改"看"为"读"，因为有嘴和耳朵帮忙，能彼此牵制着，使你眼光不易转移太快，或者遗弃了一节一行，又能促使你设法解决难解字句的心，使你不易模糊过去。——由此可知"读"比"看"的功效大。

至于默读和朗读，前面已说过没有什么大不同的地方，两者的优劣，也不易断定。譬如诗歌，原是富于音乐性的，必须吟哦方能整个地表现出诗歌的美质。而吟哦又足以帮助你对于诗歌的记忆。同是一首诗，你如能有腔调地吟哦它，结果必比用默读来记忆得快些。这就是朗读为用的地方。

说到朗读，又可分为快读和缓读两种。朱熹说："未熟快读，足遍数；已熟缓读，思理趣。"姚姬传说："疾读以求其体势，缓读以求其神味。得彼之长，悟我之短，自有道也。"缓读在朱氏以为用以思理趣，在姚氏以为求其神味，这都有道理。缓读可以使你充分地运用自己的智力来探求书本的美质，以及其他的一切。而快读像朱氏以为是足遍数，这也有道理。因为读得快，较之读得慢，在同一时间中可把书本多读几遍。譬如是一首诗歌，若读得慢，不过能读五遍，如倍其速率，那么，于同一时间中便可以得到十回复习了。换句话说，又可以多记忆几遍了。至于如姚氏所说，以为是求其体势，则并非快读重大的使命。只是这里所说的快读，并非随便出之，模糊读过，还要尽全力来干，一字一句来读的。郑燮说得好："读书以过目成诵为能，最是不济事。眼中了了，心下匆匆，方寸无多，往来应接不暇，如看场中美色，一眼即过，与我何与也？"所以"快读"是努力的"快"，是可能范围以内的"快"，而不是草率的"快"，但求了事的"快"。

（二）读文的腔调问题

宋人周密在他著的《齐东野语》上载了两段关于读诗读文的故事。读诗的故事是这样：

> 昔有以诗投东坡者，朗诵之而请曰："此诗有分数否？"坡曰："十分。"其人大喜。坡徐曰："三分诗，七分读耳。"此虽一时戏语，然涪翁所谓"南窗读书

吾伊声",盖读书者其声正自可听耳。

读文的故事是这样:

> 王沔,字楚望,端拱初参大政。上每试举人,多令沔读试卷。沔素善读,纵文格下者,能抑扬高下迎其辞而读之,听者忘厌。凡经读者,每在高选。举子凡纳卷者,必祝之曰:"得王楚望读之,幸也。"若然,则善于读者,不为无助焉。

在这两段故事中,我们可以看出读得好可以掩盖诗文之丑,因为能悦听者之耳,使听者忘厌。自然,读诗文徒想悦听者之耳,博得听者的称赏,这不是我们正当的目的。读诗文要有腔调,其正当目的乃在补助记忆。近人唐钺在他著的《国故新探》里,有专文谈论散文音节的。本来我们的言语乃至劳工的"邪许""杭育"之声,都是有抑扬高下自然的音节存乎其间。《文心雕龙·声律篇》上说:"夫音律所始,本于人声者也。声含宫商,肇自血气,先王因之以制乐歌;故知器写人声,声非效器者也。故言语者,文章神明,枢机吐纳,律吕唇吻而已。"声音的抑扬高下,发乎自然,在韵文中表现得最清楚,而在散文则隐晦了许多,但决不是没有。作者在他的作品中既都有抑扬高下自然的音节,我们要能深切了解他的作品,也得要有抑扬高下的腔调去读他。由此可知读文有腔调,一面可帮助你了解,另一面又可帮助你记忆。从前有人形容私塾里的学童读文是"一阵乌鸦噪晚风",无腔调的读文,也就等于"一阵乌鸦噪晚风",嘈杂得令人难受,还能帮助什么记忆呢?

(三)时令环境以及心情的注意

时令环境以及心情有时很能帮助我们了解所阅读的作品。关于这点,我们要在可能的范围以内来运用它。譬如我们在春天的一个深夜,花气袭人,月明如昼,读李白的《春夜宴桃李园序》,如"幽赏未已,高谈转清,开琼筵以坐花,飞羽觞而醉月",因为时令的适合,必更能使我们了解这篇文章的美妙。在秋天的一个深夜,凉风入户,落叶萧萧,读欧阳修的《秋声赋》,如"初淅沥以萧飒,忽奔腾而砰湃,如波涛夜惊,风雨骤至;其触于物也,𫓧𫓧铮铮,金铁皆鸣;又如赴敌之兵,衔枚疾走,不闻号令,但闻人马之行声",或是苏轼的《赤壁赋》,如"霜露既降,木叶尽脱;人影在地,仰见明月",也必能使我们觉得分外亲切,有如身历其境。以上是指时令而言。再说环境。譬如在现在国难声中,谁不是满腔热血,无处挥洒。我们如读《柏林之围》《最后一课》,以及《济南城上》等文,一方面使你深深感到亡国割土之惨,一方面又会使你增加不少爱国的热情。如读吴伟业的《圆圆曲》:"痛哭六军俱缟素,冲冠一怒为红颜""妻子岂应关大计,英雄无奈是多情!全家白骨成灰土,一代红妆照汗青!"又如读陆次云的《圆圆传》:

> ……三桂得父书,欣然受命矣。而一侦者至,询之曰:"吾家无恙耶?"曰:"为闯籍矣。"曰:"吾至,当自还也。"又一侦者至,曰:"吾父无恙耶?"曰:"为闯拘絷矣。"曰:"吾至,当即释也。"又一侦者至,曰:"陈夫人无恙耶?"曰:"为闯得之矣。"三桂拔剑砍案曰:"果有是,吾从若耶?"因作书答父,略曰:"儿以父荫,待罪戎行;以为李贼猖狂,不久即当扑灭。不意我国无人,望风而靡。侧闻圣主晏驾,不胜眦裂。犹意吾父奋椎一击,誓不俱生;不则刎颈以殉国难。何乃隐忍偷生,训以非义?既无孝宽御寇之才,复愧平原骂贼之勇。父既不能为忠臣,儿安能为孝子乎?儿与父决,不早图贼,虽置父鼎俎旁以诱三桂,不顾也。"随效秦庭之泣,乞王师以剿巨寇。……

我们读了这种作品，必慨然于古今来军阀耽于酒色，因而误国殃民，而生凄凉悲壮之感。

更就心情而言。在悲苦时读缠绵悱恻的文章，在欢乐时读爽利豪放的文章，是容易引起自己的共鸣，容易使得自己了解深切些。假如有个孤芳自赏的女子，她的身世，像杨花一样的飘泊无定，像浮萍一样的聚散无凭，她读到《红楼梦》，必时刻为着林黛玉流下一掬同情之泪，仿佛她自己也是书中的林黛玉一样。同时，她于《红楼梦》了解的程度，必比别人来得深。所以随着自己的心情去选择切近自己心情的文章来读，这也是一种很好的读文方法。

（四）统读和分读

前面已经说过，在国文学习方面，"读"是很重要的。不过我们对于一篇文，一首诗，或长或短，是宜乎分段地读，还是一气呵成地读？这也是一个急待解决的问题。在理论上讲，是宜乎从头至尾一气呵成地读，反复练习，直到记忆得很熟为止。这至少有两种好处：一、各段有均齐的练习机会；二、对于材料有个完全及圆满的注意。不过在事实上分段读比较容易记忆。但如只是分段读，会使人因此不能明了全篇的整个精神，只记得些零零碎碎的美词丽句。我以为最好是先统读一两遍，知道内容的大概以后，再逐段地研究它的意义。并且必全篇读过之后，才知道怎样才是适当的分段，怎样分段才便于研究其内容。

（五）精读和略读

毛稚黄曾经说过："读书有四要：一曰收，将心收在身心里，将身收在书房里是也。二曰简，惟简才熟；若所治者多，则用力分而奏功少，精神废而岁月耗矣。三曰专，置心一处，无事不辨；二三其心，必无成就。四曰恒，虽专心致志于一矣，若时作时辍，有初鲜终，亦无成也。"毛氏之所谓"收"，和前面说的"学习氛围的造成"差不多，所谓"专"，所谓"恒"，前面也说过。其余所谓"简"，便是这里所要说的精读问题。精读的对面，是略读。精读和略读，实在是都不可少。曾国藩曾经说过："大抵看书与读书，须划分为两事，看书宜多宜速，读书宜精宜熟。"曾氏说的看书，便是指略读，读书便是指精读。精读在于打基础，略读在于充实内容。基础不固，虽有内容，等于沙上筑塔；基础虽固，缺乏内容，又必局促如辕下驹不能开展。精读的书是宜乎简，要一本一本地读，或者一篇一篇地读，不可见异思迁，中道而止。略读的书则宜乎博，本"开卷有益"的主张，多方面地浏览。在《中学生》第三十九号上有一篇文章叫《读破一卷书》，这篇文章里面，说到盛国成和巴金的读破一卷书的精读办法。他说盛国成之"所以能够精通世界语，就是得力于'读破一卷书'的方法。当他最初学懂了世界语以后，就选取了一本于文法上文体上都能够算作模范的 *Fundamenta Krestomatio*（《基础文选》）。这部书是世界语创始者柴门霍夫博士手编的。文法是句句可以当作模范的，文体有论文，有小说，有戏曲，有诗歌，有故事，有随笔，也是篇篇可以当作模范的。盛先生选取了这本诸体俱备的好书，反复地读，一遍，两遍，十遍，百遍，不厌求详地读，读到烂熟，读到书页散碎，把文法文体的精髓与奥妙，融会贯通，差不多可以说完全理解过来，仿佛成了自己的作品一样"。他说巴金"懂得许多种语言文字。每当他学习一种语言文字的时候，也是采用了'读破一卷书'的方法，选取了一本于文法上文体上都能够算作模范的书来反复地读，一遍，两遍，十遍，百遍，每读通一种语言文字，便读破了一卷书。我亲眼看见他把一本一本的书读到破碎不堪，还是像要把书本吞下肚去似的埋头阅读"。这是精读，值得我们取法的。至于略读，最好是以精读的作品为中心，一圈一圈地向外开展。譬如你读了《唐诗别裁》，或者《唐人万首绝句选》，这是精读的；略读的书，第一圈就是《全唐诗话》《唐书》中的各诗人传，中国文学史中所记述的唐代诗人这一部分；再开展出去，第二圈便是《中国诗学通论》《唐诗研究》这些书；第三圈便是文学概论这一类书。这样读法，才不嫌驳杂无系统。

读文的方法除上面所说五点外，还有一个最重要之点，就是要注意智识经验对于读文的帮助。智识经验的来源，不外三方面：一是亲身所经历；二是得之别人的传说；三是从书本上得来。读书可以增加我们的智识和经验，这是必然的事实，但有时又需别的智识和经验来解答我们读书时所发生的难题。譬如你没有离开过你的故乡，你就不易深切地了解别人写的关于乡思的文章；你没有到过上海，你就不易深切地了解别人写的关于上海繁华的文章。万事万物，你事前对它没有一种观察，没有一种认识，那别人的议论和叙述，会使你感觉到了解得不透澈。所以我们要随时随地注意观察，以增加自己的智识和经验；又须于可能范围内亲身地体验，或求之于智识和经验丰富的人，以增加自己的智识和经验。智识和经验愈丰，读书时在内容方面必可减少许多的隔阂。顾炎武周游中国，必随带许多的书，每到一处，必把书本上所记载的与实际情形相比较，有不明白，又访之田夫野老。书中有错的加以订正，书中不详细的加以补充，末了，完成了他的不朽的著作《天下郡国利病书》。这种读书，才叫脚踏实地的读书,真正的读书。以读书增加智识和经验,又以智识和经验增加读书的效能,减少读书的困难,这中间是有一个连环性的。

第四章　读文方法之研究（下）

讲读文的一般方法既竟，现在再进而分别地讲记叙文、抒情文以及议论文的读法。

（一）记叙文的读法

记叙文的内容，须有真实性。这真实性，是记叙文的基石，丝毫不能忽略的。我们读记叙文的时候，就首先要注意它记叙的事实是否有真实性（就是虚构的也必要写得和真实的一样）。次则又要看它写的层次是否分明。层次不分明，决不是好的记叙文。好的记叙文，其前后的层次必井井有条。又次则看它如何支配材料。好的记叙文，它又必是把材料支配得很适当，当繁的繁，当简的简。并且要使得繁的不觉其繁，简的不觉其简。再次则看它所写的是否深刻。好的记叙文，不但要有层次，要繁简得宜，更

要使它所写的很深刻。这里我们且举鲁迅的《自叙传略》第一段来说明:

> 我于一八八一年生于浙江省绍兴府城里的一家姓周的家里。父亲是读书的;母亲姓鲁,乡下人,她以自修得到能够看书的学力。听人说,在我幼小时候,家里还有四十五亩水田,并不很愁生计。但到我十三岁时,我家忽而遭了一场很大的变故,几乎什么也没有了;我寄住在一个亲戚家里,有时还被称为乞食者。我于是决心回家,而我底父亲又生了重病,约有三年多,死去了。我渐至于连极少的学费也无法可想;我底母亲便给我筹办了一点旅费,教我去寻无需学费的学校去,因为我总不肯学做幕友或商人,——这是我乡衰落了的读书人家子弟所常走的两条路。

在这一段文章里,他写作的态度是如何的严谨、质朴。而层次又极分明,材料的支配又极适当。并且在这一段短短的文字中,写出中产阶级的人家渐渐衰微的情形,又是如何的生动和深刻。我们读记叙文能如此分别地研究,将来对于自己作记叙文时必有莫大的帮助。

此外,我们有时还可作比较的研究。如魏学洢的《核舟记》你是读过了,你又读了钮琇的《姑苏金老》,这两篇文章都是描写雕刻精妙的核舟,又都是写那苏东坡游赤壁的核舟。虽然核舟各异,核舟雕刻的形状各异,但我们若能比较来看,必可发现各人所写的神妙不同。如《核舟记》中写:

> 舟首尾长约八分有奇,高可二黍许。中轩敞者为舱,箬篷覆之。旁开小窗,左右各四,共八扇。启窗而观,雕栏相望焉。闭之,则右刻"山高月小,水落石出",左刻"清风徐来,水波不兴",石青糁之。
>
> 船头坐三人:中峨冠而多髯者为东坡,佛印居右,鲁直居左。苏、黄共阅一手卷:东坡右手执卷端,左手抚鲁直背;鲁直左手执卷末,右手指卷,如有所语。东坡现右足,鲁直现左足,各微侧,其两膝相比者,各隐卷底衣褶中。佛印绝类弥勒,袒胸露乳,矫首昂视,神情与苏、黄不属。卧右膝,诎右臂支船,而竖其左膝,左臂挂念珠倚之——珠可历历数也。
>
> 舟尾横卧一楫。楫左右舟子各一人。居右者椎髻仰面,左手倚一衡木,右手攀右趾,若啸呼状。居左者,右手执蒲葵扇,左手抚炉,炉上有壶,其人视端

容寂,若听茶声然。

其船背稍夷,则题名其上,文曰:"天启壬戌秋日,虞山王毅叔远甫刻",细若蚊足,钩画了了,其色墨。又用篆章一,文曰:"初平山人",其色丹。

《姑苏金老》中写:

> ……用桃核一枚,雕为东坡游舫。舫之形,上穹下坦,前舒后奋。中则方仓,四围左右,各有花纹。短窗二,能开阖。启窗而观,一几三椅。巾袍而多髯者为东坡,坐而倚窗外望;禅衣冠,坐对东坡而俯几者为佛印师。几上纵横列三十二牌,若欲搜抹者然。少年隅坐横洞箫而吹者,则相从之客也。舫首童子一,旁置茶铛。童子平头短襦,右手执扇,伛而扬火。舫尾老翁,椎髻芒鞋,邪立摇橹。外而柂篙篷缆之属,无不具也;舷槛帘幕之形,无不周也。细测其体,大不过两指甲耳。

两文所写,各极神妙,栩栩如生,比较来阅读,可使我们得到许多写记叙文的方法,如写的层次、描写的方法等等。若再进而读高士奇的《记桃核念珠》、宋起凤的《核工》,你便更能看出各人描写的手段、结构的方法等等。(以上所引四文,在《虞初新志》一书中都选入的。)

(二)抒情文的读法

读抒情文,首应注意文中所写之情是否真诚。无病呻吟的抒情文,必有许多扭捏的痕迹。次则应注意文中所写之情是否具体。具体的抒写,才能给读者具体的印象。我们读抒情文,就在研究它如何地写出作者内心的真情,要注意他抒写的技巧:如何起头,如何结尾,中间又如何地开展。但这只是要借此学习抒写的技巧,将来好应用来写自己的抒情文,决不是叫你去模仿。《拊掌录》上有一段笑话:

> 李廷彦曾献百韵诗于一上官,其间有句云:"舍弟江南殁,家兄塞北亡。"上官恻然悯之曰:"不意君家凶祸重并如此!"廷彦遽起自解曰:"实无此事,但图属对亲切耳。"上官笑而纳之。

并没有死弟弟和哥哥,却派定他们是死了,在这位姓李的或者以为如此可以写得哀痛一点,不知结果是益增其丑恶和无聊,他是忘了技巧可以学别人,情感不可学别人的。

俞平伯写了一篇《桨声灯影里的秦淮河》，朱自清也写了一篇《桨声灯影里的秦淮河》，他们都是当时一齐去游秦淮河的人，而各人所写，有各人当时的情感在里面。在这两文中，朱自清是朱自清，俞平伯是俞平伯，不能混淆。即以两文的末尾几句说，俞文是：

> 凉月凉风之下，我们背着秦淮河走，悄默是当然的事了。如回头，河中的繁灯想定是依然。我们却早已走得远，"灯火未阑人散"；佩弦，诸君，我记得这就是在南京四日的酣嬉，将分手时的前夜。

朱文是：

> 我们的梦醒了，我们知道就要上岸了；我们心里充满了幻灭的情思。

在当时是各有各的悲感，在写文时也就各有各的适合表现自己悲感的写法。

（三）议论文的读法

读议论文，要注意文中的中心思想和作者议论的根据。同是议论一件事或是一个人，各是其所是，各非其所非，这是没有关系，但总当各有其中心的思想，各有其议论的根据。读者要看它如何地说出中心的思想，如何地运用他的证据。作议论文如临阵作战，稍有罅隙，敌人便乘机来进攻。我们读议论文，就是看作者如何作战，学作者如何作战。假如同一件事物的讨论文字，各持一端，我们更可比较来看，看各方不同的作战计划：如何地坚守自己的营垒，又如何地进攻敌人的营垒。

古今的议论文，有许多是不能说出它的中心思想，又没有什么牢不可拔的理论根据，于是在文中横生枝节，变更论点，以掩护它最后的议论根据地。所以我们读议论文时，又要细细地去推敲，不放松它一点，仿佛我们就是作者的敌人。因为你如能这样推敲，将来自己作议论文时才能像作战一样，稳扎稳打，写得精当，难为敌人所乘。在这里，我且引俞平伯的《孟子解颐零札》中的一节：

> 孟子说话只是一鼓作气，所以愈说下去，便愈不成了。例如《滕文公》上篇载他辟陈相许行之说，开头是很中肯的。说人人做工是可以，说贤者与民并耕而治天下，本来是一时行不通的。孟子以应当分工之义正之，一点不错。但他必定要说，"劳心者治人，

劳力者治于人；治于人者食人，治人者食于人"。这简直是说有产阶级白吃白喝，是天经地义了。这如何能服陈许呢？……

顶好笑的是陈相说："履大小同，则价相若。"而孟子回答道："巨屦小屦同价，人岂为之哉？"这种论辨，不知从那里说起？陈相的意思，是要还淳反朴，所以交易往来只以量别，不以质别。无论鞋子是绸是缎，是布是草，只要尺寸一般，总只一个价钱。反言之，大鞋小鞋自然两个价钱了。而孟子反说："大鞋小鞋一个价钱，谁来做呢？"这真是无的放矢了。以下未载陈相之复辨，想必还有别的话；再不然，就是愤愤而去了。遇这种地方，我想孟子是打输官司的，因为打赢了官司必特笔记之……

《孟子》一书中，细细读去，有许多是这样子。我们读时如不去分析，将来自己写议论文时，也会陷入同样的谬误。这是我们无论读什么书都要特别注意的。

第五章　读书与札记

读文的各种方法，前面已经详细地讲过了。现在，特列一章来谈谈札记对于读书的关系及其重要性。

从表面上看，作札记似乎是很愚笨的工作，劳多而功小，为聪明的学生所不屑为。实则这种貌似愚笨的工作，不但是读书最重要最可靠的基础功夫，就是许多大学问大著作也往往是从札记中产生出来的。古代的学者大都是一面读书，一面便作札记。清儒尤勤于这种工作。名著如顾炎武的《日知录》，阎若璩的《潜邱札记》，钱大昕的《十驾斋养新录》，洪亮吉的《晓读书斋杂录》，王念孙的《读书杂志》，王引之的《经义述闻》，陈澧的《东塾读书记》，都是札记成书。顾炎武在其《日知录》上说："所著《日知录》三十余种，平生之志与业皆在其中"，由此可知札记的重要了。

札记可分为四类：

（一）抄录备忘

抄录当然很苦，但为用甚宏。读过的文章，时间过久，易于遗忘，抄录一遍，可以使自己的印象深刻，抵得上多读十遍二十遍。而且我们所抄的决不是所读的全部，而是精华，故应用起来也很方便。梁任公是最赞成做这种功夫的，他在《治国学杂话》上说："我们读一部名著，看见他征引那么繁博，分析那么细密，动辄伸着头说道：这个人不知有多大记忆力，记得许多东西，这是他的特别天才，我们不能学步了。其实哪里有这一回事。好记性的人不见得便有智慧，有智慧的人，比较地倒是记性不甚好。你所看见者是他发表出来的成果，不知他这成果，原是从铢积寸累，困知勉行得来。大抵一个大学者平日用功，总是有无数小册子或单纸片，读书看见一段资料，觉其有用者即刻钞下（短的钞全文，长的摘要，记书名卷数页数）。资料渐渐积得丰富，再用眼光来整理分析它，便成一篇名著。想看这种痕迹，读赵瓯北的《二十二史札记》、陈兰甫的《东塾读书记》，最容易看出来。这种工作，笨是笨极了，苦是苦极了。但真正做学问的人，总离不了这条路。做动植物的人懒采集标本，说他会有新发明，天下怕没有这种便宜事。"他所辑录的《曾文正公嘉言钞》及《进德钞》，即可作我们钞书的样本。

（二）制作提要

韩愈说："记事必提其要，撰言者必钩其元。"提要钩元，是写札记的第二种作用。这就是西洋所谓outline的意思。今举穆济波氏所作胡适《不朽论》的提要如下：

一、体裁——论辩文。

二、主旨——我现在这个"小我"，对于那永远不朽的"大我"的无穷过去，须负重大的责任；对于那永远不朽的"大我"的无穷未来，也须负重大的责任。我须时时想着，我应该如何努力利用现在的"小我"，方才可以不孤负那"大我"的无穷过去，方才可以不贻害那"大我"的无穷未来。

三、概要——我这个"小我"不是独立存在的，是和无量数"小我"有直接或间接的交互关系的。种种从前的因，种种现在无数"小我"和无数他种势力所造成的因，都成了我这个"小我"的一部分。我这个"小我"加上种种从前的因，又加上了种种现在的因；传递下去，又要造成无数将来的"小我"。这种种过去的"小我"和种种现在的"小我"和种种将来无穷的"小我",一代代传下去,这便是一个"大我"。"小我"是会消灭的,会死的。"大我"是永远不灭的,永远不朽的。"小我"虽然会死,但每一个"大我"的一切作为,一切功德、罪恶,一切言语行事,无论大小,无论是非,无论善恶,一一都永远存留在那个"大我"之中。那个"大我"便是古往今来一切"小我"的纪功碑、彰善祠。这个"大我"永远不朽的,故一切"小我"的事业,人格,一举一动,一言一笑,一个念头,一场功劳,一桩罪过,也都永远不朽。这便是"社会不朽","大我"的不朽。

四、分段——

1. 解释神不灭论——神灵即是形体的作用,形体便是神灵的形质。人有形体,方才有作用。这个作用,我们叫作"灵魂"。但有许多人,总舍不得把"灵魂"打消了,所以我咬住说:"灵魂"是一种"神秘玄妙"的物事,并不是神灵作用。但是"神秘玄妙"究竟是什么,我们只可用实验的方法,看这种学说的实际效果如何,以为评判的标准。依此标准看来,信神不灭论的和信神灭论的,都有好人坏人。迷信天堂地狱而修德行善的,是自私自利的。总而言之,"灵魂"灭不灭的问题,于人生行为上实在没有什么重大影响。既没有实际的影响，简直可以说是不成问题。

2. 解释三不朽说——这种不朽说，不问人死后"灵魂"能不能存在，只问他的人格，事业，著作，有没有存在的价值。这种不朽，比那个人的小小灵魂的存在，可不是更可宝贵，更可羡慕吗？况且即"灵魂"的有无，还在不可知之中，这三种不朽——德、功、言——可是实在的。这三种不朽，可不是比那灵魂的不灭更靠得住吗！但是，三不朽说也有三层缺点：①只限于极少数的；②没有消极的裁制；③所说德功言的范围太含糊。

3. 社会的不朽论——我这个"小我"是和无量数"小我"有直接或间接的交互关系的；是和社会全体和世界全体都有互为影响的关系的；是和社会世界的过去未来都有因果关系的。我这个"大我"是无量数现在的"小我"、过去的"小我"和未来的"小我"代代传下来的。"小我"是会死的、消灭的，"大我"是永远不死的，永远不朽的。

《不朽论》本是一篇五千多字的长文章，这样提示其纲要，已能使我们明白全文意义之所在。若用表解的方法，则更为清晰。如：

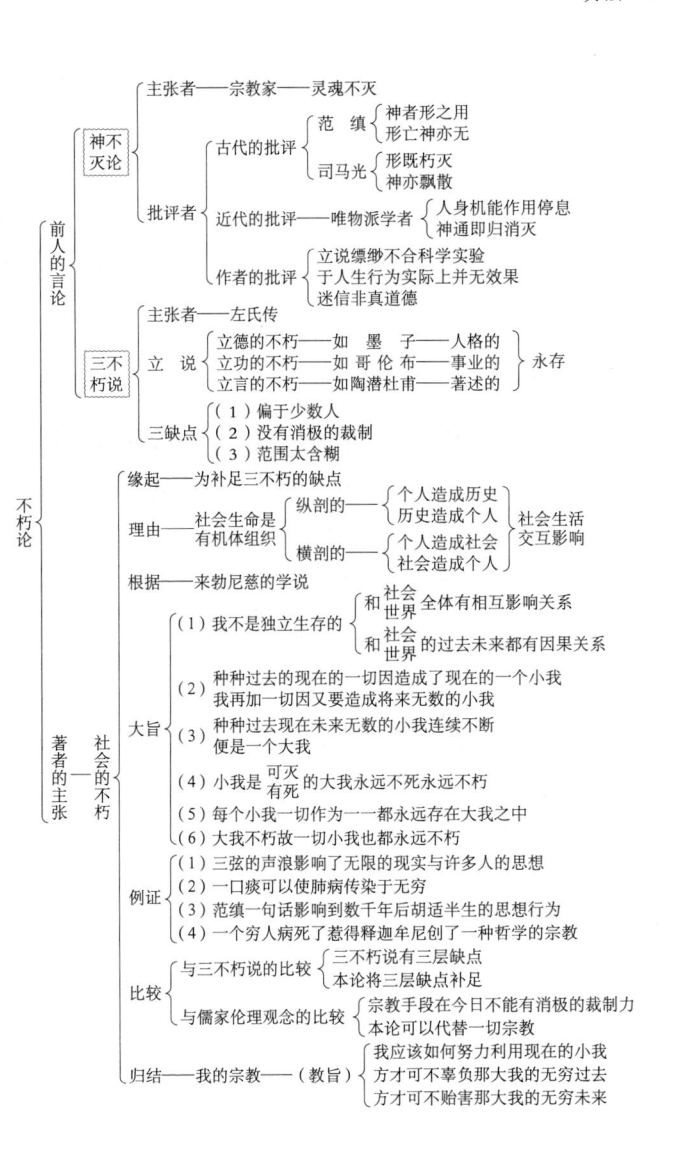

- 不朽论
  - 前人的言论
    - 神不灭论
      - 主张者——宗教家——灵魂不灭
      - 批评者
        - 古代的批评
          - 范缜 { 神者形之用 / 形亡神亦无 }
          - 司马光 { 形既朽灭 / 神亦飘散 }
        - 近代的批评——唯物派学者 { 人身机能作用停息 / 神通即归消灭 }
        - 作者的批评 { 立说缥缈不合科学实验 / 于人生行为实际上并无效果 / 迷信非真道德 }
    - 三不朽说
      - 主张者——左氏传
      - 立说
        - 立德的不朽——如墨子——人格的 ┐
        - 立功的不朽——如哥伦布——事业的 ├ 永存
        - 立言的不朽——如陶潜杜甫——著述的 ┘
      - 三缺点
        - （1）偏于少数人
        - （2）没有消极的裁制
        - （3）范围太含糊
  - 著者的主张——社会的不朽
    - 缘起——为补足三不朽的缺点
    - 理由——社会生命是有机体组织
      - 纵剖的 { 个人造成历史 / 历史造成个人 } ┐
      - 横剖的 { 个人造成社会 / 社会造成个人 } ┴ 社会生活交互影响
    - 根据——来勃尼慈的学说
    - 大旨
      - （1）我不是独立生存的 { 和社会世界全体有相互影响关系 / 和社会世界的过去未来都有因果关系 }
      - （2）种种过去的现在的一切因造成了现在的一个小我 我再加一切因又要造成将来无数的小我
      - （3）种种过去现在未来无数的小我连续不断便是一个大我
      - （4）小我是可灭有死的 大我永远不死永远不朽
      - （5）每个小我一切作为——都永远存在大我之中
      - （6）大我不朽故一切小我也都永远不朽
    - 例证
      - （1）三弦的声浪影响了无限的现实与许多人的思想
      - （2）一口痰可以使肺病传染于无穷
      - （3）范缜一句话影响到数千年后胡适半生的思想行为
      - （4）一个穷人病死了惹着释迦牟尼创了一种哲学的宗教
    - 比较
      - 与三不朽说的比较 { 三不朽说有三层缺点 / 本论将三层缺点补足 }
      - 与儒家伦理观念的比较 { 宗教手段在今日不能有消极的裁制力 / 本论可以代替一切宗教 }
    - 归结——我的宗教——（教旨） { 我应该如何努力利用现在的小我 / 方才可不辜负那大我的无穷过去 / 方才可不贻害那大我的无穷未来 }

把自己读过的文章,照这种方法去作纲要,去作表解,则对于原文必更加了解,更加容易配忆。查考起来也至为方便。

(三)记录心得

读书必时有心得,有了心得,立即记下来,以免遗忘。这样随得随记,一点一滴积聚起来,便是学问著作的良好基础。顾炎武作《日知录》的时候,友人有问他别后写成多少,他答道:"承问《日知录》又成几卷,而某自别来一载,早夜诵读,反复寻觅,仅得十余条。"可见要有真正的心得,也不是一件容易的事。好在我们方在学习时期,并非欲以著作传世,不必如顾氏的谨慎下笔,只要有一见之得,一义之明,一疑之解,都不妨记录下来。例如俞樾的《古书疑义举例》,便是这样辛苦经营成功的。兹举其中的几个实例于下:

一、《孟子·公孙丑篇》:"有仕于此,而子悦之,不告于王,而私与之吾子之禄爵。夫士也亦无王命,而私受之于子。"按"有仕于此"之"仕",即"夫士也"之"士"。"夫士也"正承"有仕于此"而言。"士"正字,"仕"假字。是上下文用字不同,而实同义也。

二、《诗·文王有声》篇："既伐于崇，作邑于丰。"按下"于"字乃语词，上"于"字则"邘"之假字也。《史记》载："虞芮决狱之后，明年伐犬戎，明年伐密须，明年伐邘，明年伐崇侯虎而作丰邑。"是伐邘伐崇与作丰邑事适相连。故诗人咏之曰："既伐邘崇，作邑于丰"也。邘作于者，古文省不从邑耳。今读两"于"字并为语词，则下句可通，上句"既伐于崇"文不成义矣。

三、《桑柔》篇："大风有隧，有空大谷。"言大风则有隧矣，大谷则有空矣。今作"有空大谷"，乃倒句也。（说详王氏《经义述闻》）《节南山篇》："勿闻勿仕，勿罔君子，式夷式已，无小人殆。"言勿罔君子，无殆小人也。无犹勿也。罔与殆义相近，《论语》亦以罔殆对文可证。今作"无小人殆"，乃倒句也。

四、《诗·鄘风·柏舟》篇："母也天只，不谅人只。"《传》曰："天谓父也。"《正义》曰："先母后天者，取其韵句也。"按母直曰母，而父则称之为天，此变文协韵之例也。

五、《论语·阳货》篇："怀其宝而迷其邦，可谓仁乎？曰不可。好从事而亟失时，可谓知乎？曰不可。"两"曰"字仍是阳货语。直至"孔子曰诺"，始为孔子语。《史记·留侯世家》:"昔者汤伐桀,而封其后于杞者,度能制桀之死命也。今陛下能制项籍之死命乎?曰未能也。其不可一也。武王伐纣,封其后于宋者,度能得纣之头也。今陛下能得项籍之头乎?曰未能也。其不可二也。"此下凡不可者七,皆子房自问自答。至"汉王辍食吐哺,骂曰:竖儒……"始为汉王语。与《论语》文法正同。

六、《论语·阳货》篇:"子曰:'由也,女闻六言六蔽矣乎?'对曰:'未也。''居,吾语女。'""居,吾语女"乃夫子之言,而即承"对曰未也"之下,无"子曰"字。"子曰:'食夫稻,衣夫锦,于女安乎?'曰:'安。''女安则为之。'""女安则为之"乃夫子之言,而即承"曰安"之下,无"子曰"字。

就以上六条分别来看,不过是讲字义的异同,句韵的颠倒,似乎无多大的意义。然条文积聚既繁,归纳起来,便可组成许多有价值的义例。如集合第一条相同的例子,得"上下文异字同义例";集合第二条相同的例子,得"上下文同字异义例";集合第三条相同的例子,得"倒句例";集合第四条相同的例子,得"变文协韵例";集合第五条相同的例子,得"一人之辞而加曰字例";集合第六条相同的例子，得"两人之辞而省曰字例"。俞樾《古书疑义举例》的八十八例，便是这样类聚条举而成。若平时读书有心得而不勤于记录，则这种成就便不会有了。

（四）参考贯通，作有系统的文章

作学术论文，确是吸收知识与思想的妙法。胡适说：

> 吸收进来的知识与思想，无论是看书来的，是听来的，都只是模糊零碎，都算不得我们自己的东西。自己必须做一番手脚，或做说明，或做讨论，自己重新组织过，申叙过，用自己的语言记述过，——那种知识思想方才可算是自己的了。我可以举一个例：你也会说"进化"，他也会说"进化"。但你对于"进化"这个观念的见解未必是正确的，未必是清楚的；也许只是一种"道听途说"，也许只是一种时髦的口号。这种知识算不得知识，更算不得"你的"知识。假使你听了我一句话，不服气，今晚回去就遍翻各种书籍，仔细研究进化论的科学上的根据。假使你翻了几天书之后，发愤动手，把你研究所得写成一篇读书札记；假使你真动手写了这么一篇"我为什么相信进化论"的札记，列举了（1）生物学上的证据；

（2）比较解剖学上的证据；（3）比较胚胎学上的证据；（4）地质学和古生物学上的证据；（5）考古学上的证据；（6）社会学上和人类学上的证据。到了这个时候，你所有关于"进化论"的知识，经过了一番组织安排，经过了自己的去取叙述，这时候这些知识方才可算是你自己的了。(《读书》)

这种办法，对于求知与作文两方面都是有益的。

第六章 读物的选择

读物的选择,原是一件极烦难的事。像国文这样广大的范围,若漫无标准地来选择,简直无从着手。因为就国文的广义说,凡是用中国文字写成的文章书籍,都可称之为国文。如此广泛无涯,我们从何去选起呢?现在,姑就与国文关系最切的国学与文学两方面,向读者推荐一个书目。

国文本非专指国学,但我们如果要读一点旧的东西,则当然要选读若干种以上的国学书。国文亦非专指文学,但我们如果要读一点新的作品,则当然要选读若干种以上的现代文学书。——其实,单就国学与现代文学两方面说,已经是读不胜读了。

下面选录的书共二百十余种。这是国学与现代文学最低限度的书目。就中学生说起来,自然消受不了。好在我们的用意，只是供给一个比较宽泛的书目单，让读者去自由选择，并不是说每一种都是非读不可。倘若聪明才力与时间允许的话，读上一二百种，或竟全读，也犯得着；若环境与能力不容许，则选读一部分，也未尝不可。

选择读物的时候，有几点是值得注意的：第一，须依据自己的志趣，读与自己个性相近的书；第二，不可为懒惰与取巧的心理所左右，专门选读浅薄无聊的书；第三，不可好高骛远，去读自己程度所不能理解的书。选读的顺序，应由浅入深，由简单而复杂，由基本书而研究书，不可混杂步骤。例如读《诗经》，最好先读《诗经》的选本（如商务印书馆"学生国学丛书"中的《诗经》），次读全部的《诗经》（如《诗经集传》及《诗毛氏传疏》之类），最后读研究《诗经》的各种著作。近人的通病，每喜作空泛的研究，而忽视基本的读物。甚至有读了一部《宋词研究》，就以为可以不再读宋词；读了一部《元曲概论》，就以为可以不再读《元曲》者。这种舍本逐末的习惯，是万万要不得，应该转变过来的。

以下是书目。

一、国学之部

工具类

《康熙字典》（通行本）

《辞源》《续辞源》（商务版）

《中国人名大辞典》（商务版）

《中国古今地名大辞典》（商务版）

《经籍籑诂》（阮元——通行本）

《经传释词》（王引之——通行本）

《四库全书总目提要》（纪昀——广州局本，点石斋本）

《说文解字注》（段玉裁——通行本）

《马氏文通》（马建忠——商务版）

《词律》（万树——通行本）

《集成曲谱》（王季烈、刘凤叔——商务版）

《历代名人年谱》（吴荣光——北京晋华局本，商务本）

《世界大事年表》（傅运森——商务版）

政治史类

《尚书今古文注疏》（孙星衍——平津馆本，商务本）

《春秋左氏传》(左丘明——通行《十三经注疏》本)

《国语》(左丘明——《士礼居丛书》本,通行本)

《战国策》(刘向——《士礼居丛书》本,商务本)

《史记》(司马迁——武英殿《廿四史》本,同文本,商务"百衲"本)

《汉书补注》(王先谦——长沙思贤局本)

《后汉书补注》(王先谦——长沙思贤局本)

《三国志》(陈寿——武英殿《廿四史》本,同文本,商务"百衲"本)

《资治通鉴》(司马光——武昌局本,苏州刻本)

《史通》(刘知几——通行本)

《考信录》(崔述——"畿辅丛书"本)

《文史通义》(章学诚——浙江局本,通行本)

《中国历史研究法》(梁启超——商务版)

《古史辨》(顾颉刚——朴社版)

思想史类

《四书集注》(朱熹——通行本)

《二十二子》(浙江局本,上海铅印本)

《墨子间诂》(孙诒让——商务影印本)

《庄子集释》(郭庆藩——原刻本,石印本)

《荀子集解》（王先谦——原刻本，石印本）

《淮南鸿烈集解》（刘文典——商务版）

《春秋繁露义证》（苏舆——原刻本）

《论衡》（王充——通津草堂本，商务本，湖北崇文本）

《抱朴子》（葛洪——平津馆丛书本，湖北崇文本）

《韩昌黎集》（韩愈——通行本）

《宋元学案》（黄宗羲、全祖望等——长沙本，商务本）

《明儒学案》（黄宗羲——商务本，江西本）

《直讲李先生文集》（李觏——商务本）

《王临川集》（王安石——通行本）

《二程全书》（程颢、程颐——六安涂氏刻本）

《朱子全书》（朱熹——六安涂氏刻本，商务影印本）

《陆象山全集》（陆九渊——上海有铅印本）

《王文成公全书》（王守仁——浙江局本）

《胡子衡齐》（胡直——"豫章丛书"本）

《日知录》（顾炎武——通行本）

《明夷待访录》（黄宗羲——扫叶山房本）

《张子正蒙注》（王夫之——《船山遗书》本）

《思问录》（王夫之——《船山遗书》本）

《颜李遗书》（颜元、李塨——北京四存学会本）

《颜氏学记》（戴望——商务本）

《戴东原集》(戴震——商务本)

《新学伪经考》(康有为——原刻本)

《章氏丛书》(章炳麟——浙江局本)

《经学历史》(皮锡瑞——商务本,长沙本)

《中国哲学史大纲》(胡适——商务版)

《先秦政治思想史》(梁启超——商务版)

《清代学术概论》(梁启超——商务版)

文学史类

《诗经集传》(朱熹——通行本)

《诗毛氏传疏》(陈奂——《续经解》本,商务本)

《楚辞集注》(朱熹——通行本)

《全上古三代秦汉三国六朝文》(严可均——广雅局本)

《全汉三国晋南北朝诗》(丁福保——上海医学书局版)

《文选注》(李善——武昌局本,广州局本,通行本)

《乐府诗集》(郭茂倩——武昌局本,商务本)

《唐文粹》(姚铉——江苏局本)

《唐文粹补遗》(郭麟——江苏局本)

《全唐诗》(康熙敕编——扬州本,江宁本,广州本,

石印本）

《宋文鉴》（吕祖谦——江苏局本）

《南宋文范》（庄仲方——江苏局本）

《南宋文录》（董兆熊——江苏局本）

《宋诗钞》（吕留良、吴之振——商务本）

《宋诗钞补》（管庭芬——商务本）

《花间集》（赵崇祚——汲古阁本，商务本，中华本）

《宋六十家词》（毛晋——汲古阁本，广州本，石印本）

《四印斋王氏所刻宋元人词》（王鹏运——原刻本）

《彊村丛书》（朱祖谋——原刻本）

《校辑宋金元人词》（赵万里——中央研究院本）

《太平乐府》（杨超英——商务本）

《阳春白雪》（杨超英——南陵徐氏刊本）

《元曲选》（臧晋叔——商务本）

《金文最》（张金吾——江苏局本）

《元文类》（苏天爵——江苏局本）

《明文存》（薛熙——江苏局本）

《明诗综》（朱彝尊——原刻本）

《六十种曲》（毛晋——汲古阁本）

《盛明杂剧》（沈泰——董康刻本）

《暖红室汇刻传奇》（刘世珩——原刻本）

《湖海文传》（王昶——原刻本）

《湖海诗传》（王昶——原刻本）

〔注一〕以上所举文学总集，篇幅浩繁，或不能尽读。今将各时代最重要的作家及其集选列一部分于下：如曹植的《曹子建集》、陶潜的《陶渊明集》、谢灵运的《谢康乐集》、鲍照的《鲍明远集》、谢朓的《谢宣城集》、庾信的《庾子山集》、李白的《李太白集》、杜甫的《杜工部集》、王维的《王右丞集》、高适的《高常侍集》、孟浩然的《孟襄阳集》、岑参的《岑嘉州集》、韩愈的《韩昌黎集》、柳宗元的《柳河东集》、刘禹锡的《刘宾客集》、李贺的《李长吉集》、白居易的《白氏长庆集》、元稹的《元氏长庆集》、李商隐的《李义山集》、杜牧的《杜樊川集》、韦庄的《浣花词》、李璟李煜的《南唐二主词》、欧阳修的《欧阳文忠集》、王安石的《王临川集》、苏轼的《苏东坡集》、黄庭坚的《黄山谷集》、柳永的《乐章词》、张先的《子野词》、秦观的《淮海词》、晏几道的《小山词》、周邦彦的《清真词》、李清照的《漱玉词》、朱敦儒的《樵歌》、辛弃疾的《稼轩词》、范成大的《范石湖集》、陆游的《陆放翁集》、杨万里的《诚斋集》、姜夔的《姜白石集》、张炎的《玉田词》、元好问的《元遗山集》、归有光的《归震川集》、侯方域的《壮悔堂集》、吴伟业的《吴梅村集》、王士祯的《带经堂集》、朱彝尊的《曝书亭集》、纳兰性德的《饮水词》、赵翼的《瓯北诗集》、黄景仁的《两当轩诗集》、龚自珍的《定盦集》、姚鼐的《惜抱轩集》、曾国藩的《曾文正公文集》、罗贯中的《水浒传》及《三国志演义》、吴承恩的《西游记》、吴敬梓的《儒林外史》、曹霑的《红楼梦》、石玉崑的《三侠五义》、刘鹗的《老残游记》、王实甫的《西厢记》、高明的《琵琶记》、汤显祖的《牡丹亭》、阮大铖的《燕子笺》、孔尚任的《桃花扇》、洪昇的《长生殿》、李渔的《笠翁十种曲》、蒋士铨的《藏园九种曲》,共计名著六十余种,均为研究中国文学所不可不读的书。

《文心雕龙》(刘勰——广州局本,通行本)

《诗品》(钟嵘——"汉魏丛书"本,《历代诗话》本)

《人间词话》(王国维——朴社本)

《曲苑》(王国维——上海古书流通处本)

《宋元戏曲史》(王国维——商务版)

《曲录》(王国维——"晨风阁丛书"本)

《中国小说史略》(鲁迅——北新版)

《白话文学史》(胡适——新月版)

〔注二〕上开书目,系就梁任公的《国学入门书要目及其读法》与胡适的《一个最低限度的国学书目》,删选而成。但仍嫌太繁。初学之士,不妨先读坊间所辑之选本。如商务印书馆的"学生国学丛书",及通行之《经史百家杂钞》《古诗源》《十八家诗钞》《唐人万首绝句选》《唐诗三百首》《宋人千首绝首》《词综》等书,都是适宜的读物。

二、现代文学之部

散文小品类

《胡适文存》(胡适——亚东)

《知堂文集》(周作人——天马)

《永日集》(周作人——北新)

《雨天的书》(周作人——北新)

《泽泻集》(周作人——北新)

《看云集》(周作人——开明)

《热风》(鲁迅——北新)

《华盖集》(鲁迅——北新)

《而已集》(鲁迅——北新)

《野草》(鲁迅——北新)

《剪拂集》(林语堂——北新)

《西滢闲话》(西滢——新月)

《巴黎的鳞爪》(徐志摩——新月)

《自剖》(徐志摩——新月)

《落叶》(徐志摩——北新)

《冰心散文集》(谢冰心——北新)

《春痕》(沅君——北新)

《绿天》(绿漪——北新)

《棘心》(绿漪——北新)

《从军日记》(谢冰莹——光明)

《山中杂记》(郭沫若——光华)

《山中杂记》(郑振铎——开明)

《茶话集》(谢六逸——新中国)

《缘缘堂随笔》(丰子恺——开明)

《春醪集》(梁遇春——北新)

《杂拌儿》(俞平伯——开明)

《背影》(朱自清——开明)

《空山灵雨》(落华生——商务)

《月夜》(川岛——北新)

《山野缀拾》(孙福熙——开明)

《归航》(孙福熙——开明)

《春城》(孙福熙——开明)

《北国之春》(王统照——神州)

《龙山梦痕》(王世颖、徐蔚南——开明)

《伏园游记》(孙伏园——北新)

《三湖游记》(孙伏园等——开明)

《日本近代小品文选》(谢六逸译——大江)

诗歌类

《尝试集》(胡适——亚东)

《过去的生命》(周作人——北新)

《踪迹》(朱自清——亚东)

《沫若诗集》(郭沫若——现代)

《独清诗选》(王独清——中华新教育社)

《寂寞的国》(汪静之——开明)

《冰心诗集》(谢冰心——北新)

《邮吻》(刘大白——开明)

《晨曦之前》(于赓虞——北新)

《红烛》(闻一多——泰东)

《死水》(闻一多——新月)

《志摩的诗》(徐志摩——新月)

《翡冷翠之一夜》(徐志摩——新月)

《猛虎集》(徐志摩——新月)

《云游》(徐志摩——新月)

《落日颂》(曹葆华——新月)

《望舒草》(戴望舒——现代)

《新诗年选》(北社——亚东)

《新月诗选》(陈梦家——新月)

戏剧类

《女神及叛逆的女性》(郭沫若——光华)

《田汉戏曲集》(田汉——现代)

《佛西戏剧》(熊佛西——商务)

《打出幽灵塔》(白薇——湖风)

《西林独幕剧》(丁西林——新月)

《岳飞及其他》(顾一樵——新月)

《戏剧汇本》(欧阳予倩、洪深等——商务)

《日本现代剧选》(田汉译——中华)

《狂言十番》(周作人译——北新)

《一个青年的梦》(武者小路实笃,鲁迅译——北新)

《春之循环》(泰戈尔,瞿世英译——商务)

《人之一生》(安德烈耶夫,耿济之译——商务)

《贫非罪》(奥斯托洛夫斯基,郑振铎译——商务)

《易卜生集》(易卜生,潘家洵译——商务)

《浮士德》(歌德,郭沫若译——现代)

《火焰》(霍卜特曼,杨丙辰译——商务)

《威廉·退尔》(席勒,马君武译——中华)

《青鸟》(梅特林克,傅东华译——商务)

《茂娜凡娜》(梅特林克,徐蔚南译——开明)

《西哈诺》(罗斯丹,方于译——商务)

《女店主》(哥尔多尼,焦菊隐译——北新)

《可钦佩的克来敦》(詹姆斯·巴里,余上沅译——新月)

《长子》(高尔斯·华绥,邓演存译——商务)

《银匣》(高尔斯·华绥,郭沫若译——现代)

《法网》(高尔斯·华绥,郭沫若译——现代)

《哈姆雷特》(莎士比亚,田汉译——中华)

《罗密欧与朱丽叶》(莎士比亚,田汉译——中华)

《威尼斯商人》(莎士比亚,顾仲彝译——新月)

《莎乐美》(王尔德,田汉译——中华)

《英雄与美人》(萧伯纳,中暇译——商务)

《不快意的戏剧》(萧伯纳,金本基等译——商务)

《人与超人》(萧伯纳,罗牧译——商务)

《造谣学校》(谢里丹,伍光建译——新月)

《梅萝香》(顾仲彝改译——开明)

《近代英文独幕名剧选》(罗家伦译——商务)

小说类

《呐喊》(鲁迅——北新)

《彷徨》(鲁迅——北新)

《桃园》(废名——开明)

《竹林的故事》(废名——北新)

《桥》(废名——开明)

《莫须有先生传》(废名——开明)

《故乡》(许钦文——北新)

《毛线袜》(许钦文——北新)

《赵先生的烦恼》(许钦文——北新)

《一叶》(王统照——商务)

《春雨之夜》(王统照——商务)

《柚子》(王鲁彦——北新)

《在黑暗中》(丁玲——开明)

《韦护》(丁玲——大江)

《母亲》(丁玲——良友)

《水》(丁玲——大江)

《冰心小说集》(冰心——北新)

《花之市》(凌淑华——新月)

《沈从文甲集》(沈从文——神州)

《从文子集》(沈从文——新月)

《入伍后》(沈从文——北新)

《好管闲事的人》(沈从文——新月)

《蜜柑》(沈从文——新月)

《橄榄》(郭沫若——现代)

《塔》(郭沫若——光华)

《落叶》(郭沫若——光华)

《缀网劳蛛》(落华生——商务)

《上元灯》(施蛰存——新中国)

《蜜蜂》(张天翼——现代)

《一年》(张天翼——良友)

《小彼得》(张天翼——湖风)

《卷葹》(沅君——北新)

《坛子》(李健吾——开明)

《西山之云》(李健吾——北新)

《野蔷薇》(茅盾——大江)

《春蚕》(茅盾——开明)

《幻灭》(茅盾——开明)

《动摇》(茅盾——开明)

《追求》(茅盾——开明)

《虹》(茅盾——开明)

《子夜》(茅盾——开明)

《玛丽》(敬隐渔——商务)

《圣徒》(胡也频——新月)

《梦里的微笑》(周全平——光华)

《家庭的故事》(郑振铎——开明)

《飞絮》(张资平——现代)

《梅岭之春》(张资平——光华)

《苔莉》(张资平——光华)

《寒灰集》(郁达夫——北新)

《鸡肋集》(郁达夫——北新)

《过去集》(郁达夫——北新)

《迷羊》(郁达夫——北新)

《天问》(陈铨——新月)

《灭亡》(巴金——开明)

《死去的太阳》(巴金——开明)

《雨》(巴金——良友)

《隔膜》(叶绍钧——商务)

《火灾》(叶绍钧——商务)

《线下》(叶绍钧——商务)

《未厌集》(叶绍钧——商务)

《城中》(叶绍钧——开明)

《倪焕之》(叶绍钧——开明)

《老张的哲学》（老舍——商务）
《赵子曰》（老舍——商务）
《二马》（老舍——商务）
《离婚》（老舍——良友）
《短篇小说集》（胡适译——亚东）
《现代小说译丛》（周作人译——商务）
《现代日本小说集》（周作人译——商务）
《夏目漱石集》（章克标译——开明）
《新生》（岛崎藤村著，徐祖正译——北新）
《棉被》（田山花袋著，夏丏尊译——商务）
《芥川龙之介集》（夏丏尊、鲁迅译——开明）
《菊池宽集》（章克标译——开明）
《国木田独步集》（夏丏尊译——开明）
《谷崎润一郎集》（章克标译——开明）
《俄罗斯短篇杰作集》（水沫社编译——水沫）
《七个绞死的人》（安德烈耶夫，袁家骅译——北新）
《血痕》（阿志巴绥夫，郑振铎、鲁迅译——开明）
《莎宁》（阿志巴绥夫，郑振铎译——商务）
《柴霍甫短篇小说集》（赵景深译——开明）
《穷人》（陀思妥耶夫斯基，韦丛芜译——开明）
《罪与罚》（陀思妥耶夫斯基，韦丛芜译——开明）

《高尔基小说集》(宋桂煌译——民智)

《母亲》(高尔基,沈端先译——大江)

《胆怯的人》(高尔基,李兰译——湖风)

《幼年时代》(高尔基,陈小航译——商务)

《士敏土》(革拉特珂夫,董绍明、蔡咏裳译——新生命)

《外套》(果戈里,韦漱园译——开明)

《铁甲列车》(伊凡诺夫,侍桁译——神州)

《恶党》(柯洛连科,适夷译——湖风)

《普希金小说集》(赵诚之译——亚东)

《灰色马》(路卜洵,郑振铎译——商务)

《铁流》(绥拉菲靡维奇,杨骚译——南强)

《复活》(列夫·托尔斯泰,耿济之译——商务)

《战争与和平》(列夫·托尔斯泰,郭沫若译——文艺)

《屠格涅夫小说集》(赵孤怀译——大江)

《春潮》(屠格涅夫,张友松译——北新)

《父与子》(屠格涅夫,陈西滢译——商务)

《罗亭》(屠格涅夫,赵景深译——商务)

《贵族之家》(屠格涅夫,高滔译——商务)

《海上夫人》(易卜生,杨熙初译——商务)

《结婚集》(斯特林堡,梁实秋译——中华)

《少年维特之烦恼》（歌德，郭沫若译——现代）

《迷娘》（歌德，余文炳译——现代）

《西线无战事》（雷马克，洪深、马彦祥译——现代）

《漪溟湖》（施托姆，朱偰译——开明）

《妇心三部曲》（显尼志勒，施蛰存译——神州）

《死》（显尼志勒，段可情译——现代）

《薇娜》（廖抗夫，李石曾、李芾甘译——开明）

《显克微支小说集》（鲁彦译——北新）

《你从何处去》（显克微支，徐炳昶译——商务）

《法国名家小说集》（刘半农译——北新）

《法国短篇小说集》（刘半农译——北新）

《光明》（亨利·巴比塞，敬隐渔译——现代）

《小物件》（都德，李劼人译——中华）

《侠隐记》（大仲马，伍光建译——商务）

《续侠隐记》（大仲马，伍光建译——商务）

《苏后马丽惨史》（大仲马，魏易译——商务）

《茶花女遗事》（小仲马，林纾译——商务）

《忏悔录》（卢梭，章独译——商务）

《马丹波娃利》（今译《包法利夫人》，福楼拜，李劼人译——商务）

《波华荔夫人传》（福楼拜，李青崖译——商务）

《波纳尔之罪》(法朗士,李青崖译——商务)

《红百合》(法朗士,金满成译——现代)

《莫泊桑短篇小说全集》(李青崖译——北新)

《赣第德》(伏尔泰,徐志摩译——北新)

《爱经》(奥维德,戴望舒译——现代)

《十日谈》(薄伽丘,黄石、簪云译——开明)

《爱的教育》(亚米契斯,夏丏尊译——开明)

《英国近代小说集》(朱湘译——北新)

《杜巴利伯爵夫人外传》(无名氏,伍光建译——商务)

《荡妇自传》(笛福,梁遇春译——北新)

《块肉余生述》(狄更斯,林纾译——商务)

《织工马南传》(艾略特,梁实秋译——新月)

《诡姻缘》(O. Goldsmith,伍光建译——新月)

《哈台短篇小说选》(托马斯·哈代,顾仲彝译——开明)

《撒克逊劫后英雄略》(司各德,林纾译——商务)

《格里佛游记》(斯威夫特,韦丛芜译——开明)

《浮华世界》(萨克雷,伍光建译——商务)

《没钱的犹太人》(哥尔德,杨骚译——南强)

《屠场》(厄普顿·辛克莱,易坎人译——光华)

《石炭王》(厄普顿·辛克莱,易坎人译——光华)

《煤油》(厄普顿·辛克莱，易坎人译——光华)

〔注三〕当代创作，无法悉举，也不必悉举。以上所录，虽偏而不全，然皆值得观赏的作集。至于译品，原作悉皆世界名著，如欲研究现代文学，是应该尽量加以选读的。

杂著类

《文艺辞典》(孙俍工——民智)

《开明文学辞典》(章克标等——开明)

《文学 ABC》(夏丏尊——世界)

《文学大纲》(郑振铎——商务)

《唯物史观的文学论》(M. Ichowitz，樊仲云译——新生命)

《欧洲近代文艺思潮论》(本间久雄著，沈端先译——开明)

《近世文学批评》(L. Lewisolm，傅东华译——商务)

《比较文学史》(F. Lolice，傅东华译——商务)

《欧洲文学史》(周作人——商务)

《近代法兰西文学大纲》(黄仲苏——中华)

《法国文学史》(徐霞村——北新)

《德国文学概论》(刘大杰——北新)

《德意志文学史》(余祥森——商务)

《俄国文学史》(P. Krupotkin,韩侍珩译——北新)

《英国文学史》(F. S. Delme,林惠元译——北新)

《日本文学史》(谢六逸——北新)

《印度文学》(许地山——商务)

作法

第一章　作文的工具

我们一提到作文或者更进一步提到怎样作文，脑海中常会浮出这样的一种见解：就是用脑子来想，用手来写。自然，手和脑子是作文时所不可少的两种工具。其实除了这两种工具之外，作文的工具还有几种。这几种工具，就是眼睛、耳朵、嘴和两只腿。倘使我们作文时忘记了这种工具，或者竟不理会它们，是不会使文章作得特别好的。现在且分别的把这几种工具的特点和对于作文的帮助写在下面。

第一种工具——脑子

脑子的专长在思索，它对于作文的帮助也就在思索。写一篇文章，无论长短大小，对于这篇文章如何起头，如何收尾，中间又预备写些什么，在未写之前，都得要先有一番思索的。不用思索，信笔写去，势必前言不对后语，在形式上，在内容上，造成的结果，必是枝蔓冗复。陆士衡说"或操觚以率尔，或含毫而邈然"，这是不用思索的，所写成的文章，可以断定他是不会出色。《旧唐书》上说："王勃属文，初不精思。先磨墨几升，则酣饮引被覆面卧，及寤，援笔成篇，不易一字。时人谓勃可腹稿。"王勃初不精思，似乎是作文不用思索。其实在他酣饮之后，引被覆面卧的时候，正是他聚精会神从事思索的时候。等到他思索好了，援笔成篇，自然能不易一字。我们若以为他是真睡觉，那就真受了王勃的欺骗。《隋书》上说："薛道衡构文，必隐坐空斋，蹋壁而卧，闻户外有人便怒。"《宋史》上说："田诰作文构思，必匿深草中，绝不闻人声，俄自草中跃出，即一篇成矣。"这种样聚精会神来构思，看似有些神经失常，实在是用心作文时所应当的。

第二种工具——手

再来谈手。作文是要用手，那是尽人皆知。因为你虽有满肚子的文章，不写出来，人家固不能知道，而你放在肚子里久了，还会渐渐忘记掉的。想到了便写，看到了便写，听到了便写，最初你是写不好，日子久了，自会写得好的。欧阳修说"为文有三多：看多，做多，商量多。"

做得不多，手便生，手生还能作出好文章吗？宋朝爱国诗人陆游，他活的年龄很大。一生作的诗很多，所谓"六十年来万首诗"，清朝有个朱彝尊，他曾从陆游的诗集中摘出自相蹈袭的有一百四十多联。这点，人都认可是陆游诗中的缺点，其实也算不了什么。他因为写的多了，这些自相蹈袭的诗句，便不自知地奔赴笔下。这些诗句，像已变成他绝对占有的珍宝，谁不愿使自己的珍宝炫耀于人呢？即退一步说，这是缺点，万首诗中也不过只有这极少数的句子是蹈袭，我们如披沙拣金，金子是要比较沙多得多了。这是因为他写得多的关系，结果金子多于沙。若是写得少，而蹈袭又多，还有什么可取呢？于此可知手的重要。并且还有一层，我们要作文章，有时要收材料，材料收到的时候，应随时抄录下来，以便将来整理，引用。若是你懒的话，材料到手，随手丢去，将来应用的时候，便时常地会找不到了，或者竟完全忘记掉了，这对于作文不是一种损失吗？至于写成功后，也得反复地要改。改到无可再改，然后才算用尽了手的力量。文章因此一再润饰，自然渐臻完满。

第三种工具——眼睛

再谈眼睛。我以为眼睛对于"作文"最大的帮助，是在于观察。记叙一件事物，有时必须观察；抒写一段情景，有时也必须观察。眼睛代"作文"找材料的。我们如不断地使用它，并且很适当地使用它，它必能供给你许许多多的材料。古人常说文人要常游历名山大川，开张自己的胸襟，这实在就是说要观察。观察得多，作文就不会枯窘；观察得精，作文就不会肤浅。眼睛负着这样重大的使命，作文时何能冷淡了它？莫泊桑是世界短篇小说之王。他因为要知道一个人被人家踢痛后痛苦的光景，特地出了许多钱去买一个人来踢，好借此来精细地观察。这种方法，原是他的母亲告诉他的。他的母亲说："几时你要写一样东西，一定先要把这样东西观察得十分清楚，然后下笔。"这是如何到扣的话。说到我们中国，如施耐庵写《水浒》，相传他曾先把《水浒》中一百零八位好汉，一个个画好了挂在壁上，写时必对他们观察一番。这实在很有意义的。他就因为善于利用眼睛来观察，所以《水浒》中的人物，个个都能写出他的个性来。譬如鲁智深和李逵是一样的鲁莽，然而李逵毕竟不是鲁智深，各有其特性。武松打过虎，李逵也打过虎，然而打虎的情形却两样，断不相混，这都是善于观察的结果。想写好文章，又怕观察的麻烦，天下是没有这样便宜的事。

第四种工具——耳朵

再谈耳朵。耳朵所能帮助作文的在于听。古人说:"文章本天成,妙手偶得之",天地间森罗万象,原都是我们写作的对象。所谓"大块借我以文章",便是这个意思。不过这森罗万象,有时是用眼来看,有时却又要用耳朵来听。譬如在秋雨秋风的时候,飒飒的风声,淅淅的雨声,沙沙的落叶声,以及唧唧的虫鸣声,这"飒飒""淅淅""沙沙""唧唧"都能给予我们一种鲜明的特异的感觉。我们作文,如不能像这样的"随物宛转",深加体会,结果必不能形容尽致,刻划入微。这是一点。此外我们的身体,时刻都要受到时间和空间的限制,要知道过去的事,以及他方的事,读书是一个方法,听他人之传说,又是一个办法,见与闻是同样的重要。我们的见闻愈多,我们的智识愈大,而我们作的文章也才能免于信口雌黄、言之无物。从前苏东坡被贬谪在黄州,专喜找人谈鬼,人家说没有,他便请求人家"姑妄言之"。蒲松龄写《聊斋志异》时,也是喜欢坐在道旁,遇见人便请他坐下吃茶抽烟,并请他谈谈狐鬼。他们的行动,就在想借着耳朵增加许多见闻。蒲松龄因此即成功了《聊斋志异》一书,而东坡的小品文中有许多新奇突兀的思想、鬼怪的抒写。这都是因为他们好人谈鬼所得的结果。于此我们可知耳朵对于作文的帮助了。

第五种工具——嘴

再来谈嘴。嘴之对于作文的帮助,在于读。古今有名的文章,你如能多看,多读,它的结构,它的风格,它的字句上的技巧,以及它思想的路径等等,才能体会得到。这是对于自己作文是有很大的帮助的。古今的大作家,每一个人在作文上都是深知此中甘苦的人,他们所给予我们的许多作品,是他们甘苦的结晶,也是他们给予我们的一种极有价值的瑰宝。我们读古今人的作品,有两种作用:一种是感兴问题。人常说:"触景生情"。触景之所以能生情,就因为眼前的景色,发生了一种吸引的力量,使得自己内心的悲欢离合之情,为之引起的原故。读古今人的文章,也能使你发生这种情形。记得唐诗人崔颢有《黄鹤楼》诗云:

> 昔人已乘黄鹤去,此地空余黄鹤楼。黄鹤一去不复返,白云千载空悠悠。晴川历历汉阳树,芳草萋萋鹦鹉洲;日暮乡关何处是?烟波江上使人愁!

后来李太白见了，以为"眼前有景道不得，崔颢题诗在上头"，便没有再写黄鹤楼的诗。因为他极赏识崔颢的这首诗，自然对于这首诗有一种特别的印象，所以到了南京的凤凰台，便有了这么一首诗：

> 凤凰台上凤凰游，凤去台空江自流。吴宫花草埋幽径，晋代衣冠成古丘。三山半落青天外，二水中分白鹭洲。总为浮云能蔽日，长安不见使人愁。

这两首诗，我们正不必评定他的优劣，可是李太白的诗是受了崔颢的黄鹤楼诗之影响，却是无可异议的。这便是所谓感兴。第二是学习的问题。古今人的文章中，有许多方面足以引起我们的感兴，又有许多方面足以使我们得到许多难得的技巧。杜甫诗所谓"读书破万卷，下笔如有神"。便是这个意思。柳宗元说："自小学为文章，然未能究知为文之道。自贬官来，无事，读百家书，上下驰骋，乃少得知文章利病。"这几句话尤能把读书和作文的关系说得很清楚。

第六种工具——脚

再来谈脚。在前面已经说过，要文章写得好，就要多见多闻。要多见多闻,又当利用两脚来帮忙。若仍本着"秀才不出门,能知天下事"的主张故步自封,其识见必浅薄得可怜。读书虽可略医浅薄,若不游历,其浅薄的病,必还不能完全医好。我们都晓得《史记》的伟大,我们可不要忘却司马迁"方少年自负之时,足迹不肯一日休。非直为景物役也,将以尽天下之大观,以助其气,然后吐而为书"的精神。自然,说到游历,时间有限制,经济有限制,并不是尽人皆能的。不过我们也可以缩小范围,在自己的时间与经济两方面的可能范围之内,多多作小规模的游历。现在每个学校里每逢春秋佳节,多有远足之举。这远足一事,若单就"作文"的立场上来看,便是必不可少的事。因为这是能够使人增加见闻,并且可以启发人的文思的。例如王羲之的《兰亭集序》,是当"永和九年,岁在癸丑,暮春之初,会于会稽山阴之兰亭",其时的情景是:

> 群贤毕至,少长咸集。此地有崇山峻岭,茂林修竹,又有清流激湍,映带左右,引以为流觞曲水,列坐其次。虽无丝竹管弦之盛,一觞一咏,亦足以畅叙幽情。是日也,天朗气清,惠风和畅,仰观宇宙之大,俯察品类之盛,所以游目骋怀,足以极视听之

娱，信可乐也。

他因当前的欢乐，想到人生有限，佳会不多，于是有所感怀，便写成他有名的《兰亭集序》了。这还是仅就游山玩水而言，其他一切事物，你如要以为作文材料，有许多都是需得你实地去观察的。而使你得到观察的机会，依然不能不求之于两只脚。

以上六种工具，都是练习作文时所不可少的。而这六种工具，又有连带关系。如观察某一种事物，既要用脚走去，又要用眼睛来看（或者又要用耳朵来听），脑子来想，然后还要用手来写。阅读某一种书籍，既要用嘴来读，又要用眼睛来看，脑子来想。若因阅读发生了感兴，更要用手来写。这种连互的关系是显而易见的。在这里我们只是希望作文的人不要忘却了哪一种工具，或是忽略了哪一种工具。

第二章　作文与经验

（一）认清自己

凡是一个人，他认不清某一桩事，对于某一桩事就不能有所批评；勉强批评，一定不中肯，浅薄。我们在作文之时，如其所写的，不是自己很知道的，其所写便是隔靴搔痒。有的你才力不够写，有的你学力不够写，有的你识力不够写。你在作文之先，应该先认清了自己。你不是工人，你也没有接近工人，你便不配写工人。你不是农民，你也没有接近农民，你便不配写农民。

（二）从自己写起

自己没有某种经验，就不必强为解事，卒然动手来抒写，来议论。最好你且先以自己为中心，从自己写起。假

定题目是"我",你对你自己将如何写法?在"我"的题目下,至少你有三方面要写:

> 甲、我的写真;
> 乙、对于我自己的感想;
> 丙、自我的批判。

"我的写真",算是记叙文,"对于我自己的感想",算是抒情文,"自我的批判",算是议论文。你如能都写得很清楚,很正确,那你才算真正了解自己。从这再推广一点,写你的家庭,那么下面的几篇文章是要写的:

> 甲、我的爸爸,
> 乙、我的母亲,
> 丙、我的姐妹,
> 丁、我的兄弟……

再进而写同学。你的同学中必有许多是比较特别的人,有许多是比较有趣味的人,你可以每一个人都代他写一篇来叙述他。你要写得经济,不能冗长,说许多不是题目以内的话,或者可以节略的话;不能浮夸,说许多不正确的话。更进而写先生。每一个先生,都有他异于其他先生的特点。你写的时候,就得先把握着这特点,并且能很活跃地把这特点写出来。这里有一个试验,你如关于某一个同学或是某一个先生,写了一篇文章,你可给别个同学看看。你不要说出名字,而别个同学看完以后,就能猜出是某一个同学或某一个先生,那你的文章就算有些成功了。不然,你是失败。在失败后,你得追求失败的原因:是写得冗长,使人注意不能集中呢?还是写得浮夸,没有把被写的对象之真面目写出呢?这是应有的反省。有了这种反省,才能有以后的进益。

此外你还可写学校的生活,如:

甲、在教室里;
乙、在宿舍里;
丙、在自修室里;
丁、在餐厅里;
戊、在操场上……

这都是作文的好材料,因为都是你很知道的,很能够写的。如能用你的力量心思来写,必能写成较好的文章。

（三）经验的重要

本来作文是要经验，不管你是从书本子上得来，或是从亲身阅历得来，总是愈多愈好。如不以经验做作文的基石，这是没有灵魂的躯壳，有何可贵？前面说的从自己写起，以自己为中心，渐次写到你的周围一切，这不过是初步的工作。从此若要再有开展，是无往而不需要经验的。这里且引两段别人的话：

> 不消说，作家可以因了观察，从广泛的世界中选出适于自己创作的现象记在笔记里，可以因了想像自己考案许多此间实际所无的事象，也可以把眼前的人物作了"模特儿"写到小说或戏曲中去，可以因了别人的表情与动作推测其心理。但其实，这种方法，不但不是初从事创作的人所能使用，而且也并不是根本的可靠的东西。真的创作上最根本的手段，除了内观自己，没有别法。文艺作品毕竟是作家的自我表现，所描写的自然人生，也毕竟是通过了作家的心眼的自然人生。把自己所感所见的，适宜地调整安排，这就是创作。（夏丏尊《文艺论ABC》）

> 中学生大概都喜欢读冰心女士的小说。有人说，

冰心女士的生活太单调了,内容只有母亲和小弟弟。但冰心女士当年的经验中没有别的,只有母亲和小弟弟,我们也就不能逼她写出旁的东西来。正如我们不能盼望鲁迅先生给我们恋爱小说。鲁迅先生已经给了我们阿Q。胡适之先生曾说梅德林克的《青鸟》是小孩子看的,因为胡先生的生活中就澈头澈尾没有神秘。(章衣萍《作文讲话》)

夏、章两人的话都是对的。夏的话以为写文章以自我表现为主,章的话以为写文章以自己已得的经验为主,总是以自我为中心。我们的经验,是日积月累得来的,有赖于长时间慢慢的观察与体验。最初,我们还是先从自己本身写起为佳,从自己本身最贴近的一个外圈写起为佳。然后再慢慢开展了去,这才不嫌躐等,不会写得不称。

近来的青年,还没离开学校生活,对于社会的各方面,一点不知道,就是知道也极肤浅,但写起文章来却尽量扩大范围,描写各方面。不知道工人生活的状况,偏要写工人,结果写的工人却等于学生。不知农人生活的状况,偏要写农人,结果写的农人也却等于学生。这种浅薄而且浮夸的作品,又何能引起读者强烈的印象和共鸣?

或者有人以为这仅是就叙事文和抒情文而言,议论文则否。其实不然。读了一篇《项羽本纪》，就能议论项羽吗？读了一篇《孔子世家》，就能议论孔子吗？这是万万不够的。强为月旦，也不过是管中窥豹，时见一斑，有时或且连一斑都未见得明白。现在的青年，好谈国际政治，而对于国际情形就知道得很有限，他所有的知识，只是从报章杂志上得来的一鳞半爪，东扯西拉来的。曾精细阅读一些关于世界史的书籍吗？曾精细阅读一些关于各国政治史、经济史和外交史的书籍吗？人是亦是，人非亦非，把自己忘却了，这是很可慨叹的。记得著者曾在某省某中学教书。那个中学在某省中号称思想最新的。反对先生教逻辑，要求改教辩证法，反对先生教历史，要求先生改教马克思经济思想史。彼此谈话，动动便说"你这不合辩证法"，然而考其实际，只就是学到了一些名词，对于比较艰深的书籍是从来不看的。要求先生教辩证法及马克思经济思想史，并不是想研究它，而是借此以博得"摩登"之名。以这样浮薄的、袜线的一点社会科学的常识，便欲纵论世界大势，真令"有识旁观，代为入地"了。所以要作议论文，就要先积理，更要认清了自己，拣自己比较晓得多一点的说。

第三章　材料的搜集与整理

（一）定时作文的弊害

在第一章里，我们说到"作文"的几种工具。这几种工具，虽然对于"作文"都有帮助，但这中间最须常常使用它的，便是用手来写。现在的人因为顾到灵感问题，很有不主张定时作文的。这种主张，原是很有理由。在从前科举时代，一班热衷功名的人，从童生一直到进士，文场酣战，无不决于风檐寸晷之下。不论当时愿不愿写，也得要按照一定程式呕心挖肝地使他完卷。其结果自然言之无物，只讲空架子，敷衍从事到了废止科举，兴办学校，学生作文，仍有定时，一直到现在还是这样。多数学生作文，还是抱着敷衍的态度。著者曾在某地一个学校里，看见一个学生，他每逢作文，都不过两三百字，而这两三百字中，总有百字左右是刻板文章，不论是记叙文、抒情文或是议论文。这百字左右的刻板文章是什么呢？"现在我们国家危险极了，国际帝国主义者利用各种势力压迫着中国，而执政诸公，还是得过且过，不想方法突破这严重的局面。我们青年，是中国的中坚分子，今后唯有负起这责任，来努力……"，他是不论什么题目，都将这一段刻板的文章写入，再装上头尾，便算完卷。实在的，他是想不出什么话，你必定要他写，只有这样地敷衍过去。这和科举时代写那种空壳子的八股文又有什么分别呢？于此可知学校定时作文，弊害甚大。不过不定时作文，不是说不作文。记得某国文教师，他是不赞成定时作文，于是向学生说："写文章，必须要有灵感，没有灵感，如何能写成好文章呢？此后你们有灵感时便写，没灵感时便不写。"结果，学生们的灵感不发生，一学期中，有的学生一篇文章都不写。托辞没有发生灵感。我们须知灵感之来，有时是要你去引诱他的。你如常去引诱他，他便会时常地来。所以我们虽不赞成定时作文的办法，却主张学生平时多写札记。

（二）材料的搜集与写札记

说到写札记，对于作文一方面是材料的搜集，一方面又是写作的练习，是极重要的。譬如你要写上海的各面，你就得先向各方面调查和观察。每一次调查和观察之所得，就得有个要略记录下来。日积月累，调查和观察已多，然后再加整理，自然能成功一篇很深刻很正确的描写上海的文章。这是就写一个地方讲。写一个人物也是如此。你得先注意某一人物的一言一动，又得调查他家庭的环境，更得再从各方面调查对于他的印象与批评。由前一个例子讲，这札记的内容，至少应有下列各项：

（题目）上海的素描

（内容）

一、上海的地理；

二、上海的历史；

三、上海各色人物的生活（尤须注意人所不易知道的黑暗面）；

四、上海在中国所造成的功罪。

由后一个例子讲，这札记的内容，至少应有下列各项：

（题目）某人的素描

（内容）

一、某人行动的特点（他的嗜好等等都包括在内）；

二、某人的家庭状况；

三、某人的友人和敌人（友人和敌人对于他的印象和批评等等都包括在内）。

我们从以上的例子看，便知每一文的材料，是要慢慢地积累的。若缩小范围说，无论一件小事，一点景色，甚至某一种情态，某一种感想，有时想到，也得随时分别地写下，然后加以点缀，增润，就可以成功一篇文章。从前人以为作诗不可强求，所谓"竟日觅不得，有时还自来"。作文也是如此。倘使你遇到感兴时，不随时将它写下，时过境迁，何可攀援？

（三）找文章作

作札记，是准备作文的材料。材料多了，兴会一到，一动手就可完成一篇文章。更可以借此引起许多作文章的趣味，继续地作。别人出题目要我作，这是被动的，自不易引起滔滔汩汩的文思。自己本自己的趣味找文章作，这是自动的，自可增加许多作文的兴味，乐此不倦。现在许多人劝青年写日记。每一个学校里也多有写生活日记的。但是我们如有机会一翻他们的日记，必定使你失望。因为他们所记，都是像刻板的流水账一般的。"本日天气××我×时起身，早餐后××××，××时午餐，午后×××，到×时晚餐，×时就寝。"这几乎是每日日记的公式，逐日填好便是了。试问这种日记有什么用？在这里面看不出他学业的增进，也看不出他思想的演变，更看不出他情感的激荡。如此日记，有等于无，倒不如省些纸笔，不记还来得干脆一些。我的意思，不如每日写点札记。每日所见所闻，所感所想，记些下来，这不是借留鸿爪，正是训练自己作文。或者在记日记时采用上述札记的方法，则每日的内容，决不会觉得干燥无味，言之无物，更不会如刻板似的，每日按照着公式填写了。

第四章　技巧的训练

（一）训练技巧是必不可少

作文固应注意内容，务使其言之有物，但是文章的技巧也当十分注意。刘勰在《文心雕龙·神思》篇上说："夫神思方运，万涂竞萌，规矩虚位，刻镂无形。登山则情满于山，观海则意溢于海。我才之多少，将与风云而并驱矣。方其搦翰，气倍辞前，暨乎篇成，半折心始。何则？意翻空而易奇，言征实而难巧也。"在写一篇文章之前，仿佛意思很多，但是到了写的时候，又觉得意思没有了，这是普通的现象。在刘勰的意思，以为是"意翻空而易奇，言征实而难巧"。在我的意思，则以为还是技巧的训练不够。因为技巧的训练不够，所以能想到的虽多，能写下的很少，其余的都因为无适当的辞句写出被牺牲了。

（二）集中一点反复抒写

关于技巧的训练，以集中一点，反复抒写为要义。举个例子来说明罢，读过几首宋词的人，无不知道有张先这个人。他号叫子野，人称他"张三影"，又称他"云破月来花弄影郎中"。为什么称他"张三影"？因为他的词中有三句写影子写得很好，这三句词是：

> 云破月来花弄影。
> 娇柔懒起，帘栊卷花影。
> 柳径无人，堕飞絮无影。

"云破月来花弄影郎中"外号，也是从这里来的。这三句写影子确是很好，尤其是"云破月来花弄影"，更是写得精妙。我们读这一句词，就仿佛婀娜的花枝正在月下玩弄着自己的倩影。这时明月高悬，一片白云悠悠地逝去，微风正细细地吹着。这画也画不出的一幅绝妙的画图，却被他用了"云破月来花弄影"七个字写出来了。是何等的具体，是何等的活跃！其实我们如翻开他的《张子野词》，写影子的词句还多，如：

> 中庭月色正清明,无数杨花过无影。
>
> 横塘水静,花窥影、孤城转。
>
> 那堪更被明月,隔墙送过秋千影。

都是很好的。这是指"影"字放在句子下面的,其他把"影"字放在句子中间的,更有二十几处之多。如:

> 草树争春红影乱。
>
> 水天溶漾画桡迟,人影鉴中移。
>
> 犹有花上月,清影徘徊。
>
> 日长风静,花影闲相照。

这样看来,他不仅是"张三影",直是一个写影子的专家了。在这里,我们可以悬想他写影子的历程。最初他是偶然的,因此得偶然的意外的收获,遂使他发生一种喜悦。因为这喜悦,便又使他逐渐地对于影子发生兴趣。等到兴趣发生以后,他的观察自然也逐渐的精细,而其写影子的句子也就更外出色了。"勉而行之,安而行之,乐而行之",他写影子,从第一阶段渡到第三阶段,他已是乐于写影子,于是他就成了写影子的专家。这个例子,使得我们领悟到技巧训练的方式:必要集中于一点去训练,必要作反复抒写的训练,始能从这中间得到好的收获。并且此后凡关于你正在训练着要抒写的对象,一到了你的眼前,你就能发生一种强烈的反应。你已是训练惯了,你必比别人易于注意集中,易于把握着对象的特点,也就易于把这对象的特点恰如其当地写出来。

好,注意一点,反复抒写,这是技巧训练的要义,你且按照这个方法来训练自己罢。譬如,你要写人的走路,你就得分别将各种人走路的不同点来描写。儿童走路是如何?青年的走路是如何?老人的走路是如何?旧式女人走路是如何?新式的女人走路是如何?劳苦的工人走路是如何?无业的游民走路是如何?病人走路是如何?以至于人力车走路是如何?你且分别地写写看。初写时你自然觉得麻烦,很不易写,写了几种以后,你就会觉得这中间是有许多的微妙之处。不过你一壁写,要一壁去观察,又要一壁去比较,更要一壁去分析。你如能这样来训练自己作文的技巧,由局部的成功,必可达到整个的成功。写出文章来,就断乎不会不精当了。

(三)推敲的重要

此外推敲的工作是不可少的。推敲也是一种技巧的训练。本来作文就有三个阶段,一是事前准备工作,二是当时抒写工作,三是事后整理工作。前两个阶段,尽人皆知道注意,后一个阶段,便常有人忽略过去。本节所谈,正是第三个阶段的工作。

说到推敲,先谈推敲的故事。推敲的故事据《摭言》上说:

> 岛初赴名场,于驴上吟"鸟宿池边树,僧敲月下门"。遇权京尹韩吏部,呵唱而不觉。洎拥至马前,则曰:"欲作'敲'字,又欲作'推'字,神游诗府,致冲大官。"愈曰:"作'敲'字佳矣。"

用"敲"用"推",假如我们草率从事的话,择一以用可矣,又何必用手作推敲之势,以致冒犯了人还不觉得?其实这正是他忠于自己所作的文章应有的态度。经此一番斟酌之后,确定用"敲"字,自然妥帖得多了。

人之作文,其文思有迟速之不同。但是推敲的工作则同样的必要。有人以为文思快的常"下笔成章","文不加点",是一种天才,无须更有事后的推敲。这是浮面的观察。文思快的,只是把推敲的工作放在写文章的时候。一壁写作,一壁推敲,等到写作完了,也就推敲好了。人只见到他没有像普通人"吟成一个字,捻断几根须"那样苦况,没有见到他隐藏在里面的推敲工作,便以为天才作家,无须推敲,实在是皮相之谈,肤浅之见。欧阳修写《昼锦堂记》,已经写好了送给人去,过了一天,又送了一份改订以后的稿子去,索回原稿。一考这两稿不同之点,却只是开首两句文"仕宦至将相,富贵归故乡",每一句加了一个"而"字,变成"仕宦而至将相,富贵而归故乡"。这样审慎的态度,是值得我们效法的。

文章写好,须得推敲,这是必要的。至于负这推敲之责的则有两方面:一是自己,一是别人。今天作的文章,你到明天必然地就会感到不好,时间过得愈长远,倘使你是在不断地进修的话,你必愈感到过去的作品之不能满足自己的意。除去自己和自己商量之外,更得要和别人商量——推敲。"当局者迷,旁观者清"。你文章上许多缺点,常会被你自信心蒙蔽了,在别人客观的眼光中是很容易看得出来的。欧阳修所说为文要商量多,就是指的这一方面。

此外我们作文时还得细心、虚心和决心。不细心,浮夸变了着色的眼镜,就不能发现自己的缺点。不虚心,自尊变了着色的眼镜,就不能接受别人指摘出的自己的缺点。这是大病,这是使得自己作文永无进步的大病,不可不注意的。至于推敲的范围,也不仅是文章上的字句问题，文章上一切都包括在内。有时全文推敲下来字句都通顺，而全篇的结构不紧凑；有时字句和全篇的结构都很不错，而命意多有不正确或不深刻的。在这种情形之下，你就得润饰，甚至于全部毁弃，重行制作。在这里，细心和虚心还不够，更要有壮士断腕的精神，不存一毫姑息的心，这就是决心。

第五章　论字句篇章

（一）字句篇章互有关系

说到字句篇章，是互有关系的。《文心雕龙·章句》篇上说这三者间的关系最为清楚。《章句》篇上说："因字而生句，积句而成章，积章而成篇。篇之彪炳，章无疵也；章之明靡，句无玷也；句之清英，字不妄也。振本而末从，知一而万毕矣。"现在且将字法句法和篇法的特别要注意的各点分别地述如后。

（二）字法要正确巧妙

先论字法。字法的第一要义在正确。宋朝的宋祁说过："人之属文，有稳当字，第初思之未至也。"同是一个字，放在甲处是稳当字，移到乙处，转变成不稳当的字，这是作文时常常遇到的事实，不过普通人会含糊地过去了，不甚注意它，结果便影响到句子的不妥。法国文豪福楼拜教他的弟子莫泊桑说："我们想表现的东西，这里只有唯一的一个名词；说明动作的，只有唯一的一个动词；限制性质的，只有唯一的一个形容词。我们不能不搜求这唯一的名词、动词和形容词，直到发现这个唯一的词为止，即使发现了这唯一的相近的词，也是不满足的，不能以为这事是困难而糊涂过去。"这段话说得比宋祁还具体，还恳切。要求用字稳当正确，应注意两事，即不可求古，不可好奇。顾炎武说："以今日之地为不古，而借古地名，以今日之官为不古，而借古官名，舍今日恒用之字，而借古字之通用者，皆文人所以自盖其俚浅也。"魏际瑞说："人以文字就质于人，称曰正之，忽念政者正也，改称曰政。又念正者必须删削，乃曰削政。又念斧斤所以削也，转曰斧政。又念善斧斤者莫如郢人，易曰郢政，且或卑称曰郢。而最奇者，以为孔子笔削《春秋》，而《春秋》绝笔于获麟，遂曰麟郢。愈文而愈不通，令人绝倒。"用字求古，顾炎武讥为"自盖其俚浅"，用字求奇，魏际瑞讥为"愈文而愈不通"，实以其都足以使字意模糊而不正确。

字法的第二要义，在巧妙。要用字巧妙，并不是仅使用许多漂亮字眼，就可做得到的，须注意两事。一是经济。不须用的字不用，使每个字在句子中都有它本身必须担负的使命，去掉了便会使全句减色或者不妥。能做到这样，就达到经济目的了。宋陈师道带着他自己的作品去见曾巩，留着谈谈。刚好要写一篇文章，因为事多，便托师道作。师道写成了几百字，曾巩说："大略也好，只是冗字多。"冗字多，这是不经济的，如其给曾巩见了，最多也不过批评你"大略也好"而已。二是精采。用字固要经济，更要精采。前面引过的张先的词句"云破月来花弄影"，只七个字，包括多少意思，并且写得极具体，这是不仅写得经济，而且写得精采。不过也要看情形。尽管很粗的字面，如用得适当，也是巧妙的。譬如："辩证法""奥伏赫变""布尔乔亚"，这许多簇新的名词，写小说时，如把它放在智识分子的嘴里说，或者可显出一点清新的意味，如放在可怜没有得到教育机会的农工们嘴里说，这便有点冒失，哪里还能说是用字巧妙呢？

（三）句法要能稳当，有联络，不枝蔓

俗语说："见人说人话，见鬼说鬼话。"为什么要这样，就因为见人说鬼话或见鬼说人话，便是不可与言而与之言，自然不称。所以句法的第一要义，是在能稳当。用字不稳当，结果是不巧妙，只见笨拙；用句不稳当，结果

也是不巧妙，笨拙，有时还闹出笑话。胡适之说："林琴南的'其女珠，其母下之'，早成笑柄，且不必论。前天看见一部侦探小说《圆室案》中，写一位侦探'勃然大怒，拂袖而起'，不知道这位侦探穿的是不是康桥大学的广袖制服？——这样译书，不如不译。"这是意义方面的不稳当。俞平伯说："我们说话须要使人懂，使人懂须要说得通。如说'我要吃鸡！'说个几百遍，或者有人可怜你当真送过一盘鸡来，虽然，红烧呢，白煮呢，鸡肋与鸡胸，尚在难定；你说得还欠点精密。但你如说'鸡要吃我！'会不会使听见的大吃一惊，原来积年黄婆鸡成精了。又如换一个说'我鸡要吃！'其结果更有不忍言者：你老人家束着肚子，看你的鸡'紧一嘴慢一嘴地衔那米吃。'说一句话必须要通，通得不含糊，难道说两句三句就不通不要紧吗？那并不。难道写在纸上就不通不要紧吗？那也不。"这是字面上的不稳当。意义不稳当，或是字面不稳当，都足使全句的意义模糊，是随便不得的。即如韩愈的"衣食于奔走"（实在应写作"奔走于衣食"）以及杜甫的"红稻啄余鹦鹉粒，碧梧栖老凤凰枝"（实在应写作"鹦鹉啄余红稻粒，凤凰栖老碧梧枝"）尽管你代他辩护，说是倒装句法，毕竟是不稳当的，不足为法。

　　句法的第二要义，在于有联络。所谓有联络，是指上一句和下一句中间应有很适当的联络,这才使句子在文章中间站得住,站得稳。随便举一个例子。如周作人的《故乡的野菜》一文的开始一段:

> 我的故乡不止一个,凡我住过的地方都是故乡,故乡对于我并没有什么特别的情分,只因钓于斯游于斯的关系,朝夕会面,遂成相识,正如乡村里的邻舍一样,虽然不是亲属,别后有时也要想念到他。我在浙东住过十几年,南京东京都住过六年,这都是我的故乡;现在住在北京,于是北京就成了我的故乡了。

假如这一段文章的第二句拿去,第一句和第三句便失联络,第一句和第二句拿去,末了几句就失去根据。《文心雕龙·章句》篇上说:"章句在篇,如茧之抽绪,原始要终,体必鳞次。启行之辞,逆萌中篇之意;绝笔之言,追媵前句之旨,故能外文倚交,内义脉注,跗萼相衔,首尾一体。"这几句话中,对于文句要先后有连络的道理是说得很清楚的。

句法的第三要义,在于不枝蔓。欧阳修写《醉翁亭记》时最初写滁之四周的山有一二百字,末了删之又删,才变成"环滁皆山也"这一句。欧阳修为什么如此,其意便在使句子不枝不蔓。每句之中,凡有不必要的字,必须删去,每段之中,凡有不必要的句子必须删去,因为"句有可削,足见其疏,字不得减,乃知其密。"(《文心雕龙·镕裁》)不过句子虽要不枝不蔓,要加以删润,却不可因此而失却意思,或者使意思模糊。所以"善删者字去而意留""字删而意阙,则短乏而非核"(《文心雕龙·镕裁》),这是我们于力求句子简劲时所应注意的。

(四)篇法要能统一,有层次

关于篇法,第一要注意统一。关于统一,是有两方面的,一方面是意义上的统一,一方面是形式上的统一。无论你写一个人物,写一段情怀,或者发一段议论,你在写之前,总得有一番考量,使其内容首尾相衔,不相矛盾。譬如你写《我的家庭》这个题目,中间忽然写到你的好朋友某某,写到你的好同学某某,这简直是文不对题;又如写《秋夜》这个题目,忽然把"江南草长,群莺乱飞"这类写春天的漂亮辞句都放了进去,这不是在作文章,直是在做着白日的梦了。至于形式方面也是如此。如欧阳修的《醉翁亭记》左一个"也"字,右一个"也"字,使得这篇文章在音节方面能"纡徐委备,往复百折",令人读后有雍容自得之趣。而在字句方面又异常的调和,这是他很知道篇法上应当有统调的。第二是有层次。凡是一篇好文章，无论记叙，抒情，或是议论，无论是长篇或是短篇，都要有层次。且再举《醉翁亭记》为例。记的第一段是：

> 环滁皆山也，其西南诸峰，林壑尤美。望之蔚然而深秀者，琅琊也。山行六七里，渐闻水声潺潺，泻出于两峰之间者，酿泉也。峰回路转，有亭翼然临于泉上者，醉翁亭也。

这段中一层一层地写去，从滁说到山，从山说到西南诸峰，从西南诸峰说琅琊，从琅琊说到酿泉，从酿泉说到醉翁亭，这前后是多么有层次。从这段以后就写欧阳修自己如何与众宾欢宴，如何自己醉了，如何客散人归，如何山鸟欢乐，一点不乱，没一处没连络，前后都有照应。这在表面看，似乎仅是字句前后的关连，实则在意思方面，也是一层进一层，如剥蕉抽茧一样，不可随意去掉一段的。这是有层次最明显的例子，凡文都是如此。我们写文，求全文成为完璧，就必得当心这些地方。

第六章　论各种文体

（一）文体的分类

文体的分类，是件很烦难的事。以其所写材料的不同，写作的目标不同，可以分为记叙、抒情、议论三类。记叙文所写都是客观的事件，而写作的目标在于传述。抒情文的材料是作者的情感，而写作的目标在于发抒。议论文的材料是作者的见解，而写作的目标在于表示。自然，在记叙文里，常有记录人家谈话的，有时这部分就是议论。在抒情文里因情感不可无所附丽，常要借着记述或推断以达情的，这就含有记叙或议论的成分。在议论文里，又常有列举事实作例证的，这等部分就是记叙。这是文章中常有的现象，只要看全篇的总旨，它的属类就可确定。虽然所记录的人家的言谈是议论，而作者只欲传述这番议论,所以还是记叙文。虽然记述事物、推断义理是记叙或议论,而作者却欲因以发抒他的情感,所以是抒情文。虽然列举许多事实是记叙,而作者却要借此表示他的见解,所以是议论文。现在就按此三类,分别地写其作法如下。

(二)记叙文的作法:事实和观察

作记叙文。第一要有真实的事实。事实的真实,是记叙文的基石,不然,空中楼阁,作者本身对于记叙的对象且模糊一片,又何能使读者得一鲜明的印象?自然,记叙时,有时是要杂入许多想像的成分。但是想像也要建筑在事实上的。即如全部出于虚构的如《桃花源记》,其中所写的各部分,还是真实的。不过由陶潜用他丰富的想像力加以凑合,便成了陶潜心目中的乌托邦罢了。记叙文材料的来源,不外四类:一、历史上的事物,二、得自传闻的事物,三、亲见亲闻或亲历的事实,四、假借的事实。除第四类是利用想像贯串起心目中零星的事物,造成一新鲜的事物外,其他都是很显明地需要真确事实来做底子的。譬如《红楼梦》一书,何以写得那么逼真?经考证始知是曹雪芹写他自己的家事。倘不是自己家里的事,没有事实的背影,即是一空空的大观园,千门万户,也不易写得清楚。

第二，要有精确的观察。有了真实的事件，如不继之以精确的观察，其所记叙，必不能清晰生动。所以遇到一种事物，要想把它叙得真切，就必须先慎重地用一番精确观察的功夫，把它的真象——原因、现象、结果和影响——一一搜索出来。不然，其所记叙，必浮光掠影，隔靴搔痒。假使不以观察所得的为根据，也就无从引起想像作用。

（三）抒情文的作法：情感和描画

抒情文的制作，第一要有真实的情感。同一月夜，有时是"飞羽觞而醉月"，有时又是"举头望明月，低头思故乡"。同一雨夜，有时是"却话巴山夜雨时"，有时又是"到黄昏点点滴滴，这次第怎一个愁字了得"。各种悲欢离合的心情，使你写成各种悲欢离合的抒情文字。倘若不悲，必勉强写悲，倘若不欢，必勉强写欢，是无真情，是自欺，是不会写成好作品的。章学诚说得好：

> 富贵公子，虽醉梦中不能作寒酸求乞语，疾痛患难之人，虽置之丝竹华宴之场，不能易其呻吟而作欢笑。此声之所以肖其心，而文之所以不能彼此相易，各有成家者也。今舍己之所求，而摩古人之形似，是

> 杞梁之妻善哭其夫，而西家偕老之妇，亦学其悲号；屈子自沉汨罗，而同心一德之朝，其臣亦宜作楚悲也，不亦慎乎？

自己没有真实的感情，摩古人之形似，或摩今人之形似，勉为欢笑，强为悲苦，此等抒情文的内容等于一些假面具，复有何取？

第二要有巧妙的描画。求描画的巧妙，最要的是写得具体。情感本是抽象的东西，必附丽于物。譬如马致远的《天净沙》小令：

> 枯藤老树昏鸦，小桥流水人家，古道西风瘦马，夕阳西下，断肠人在天涯。

这是借着荒寒的境地写出他别离的情绪。最后"断肠人在天涯"一句，如没有上面荒寒的境地烘托着，便不足以表现出别离的悲苦。又如我们说"他喜欢得很"就不如"他喜欢得嘴都拢不起来"，因为前一句抽象，不如后一句写得具体。此虽眼前之语，却可用来说明巧妙的描画之方法。

（四）议论文的作法

第一是要有中心的思想。每一篇议论文字，其目的都在要发表一种意见、一种主张或一种判断。这就必须有一个中心思想，一丝含混不得的。譬如，你议论婚姻问题，是赞成自由恋爱呢？还是赞成"父母之命，媒妁之言"呢？你如固执一种主张，最多你只能对两种办法各有一部分的赞成，成功你的新主张，断乎不能两种办法都赞成的。模棱两可之辞，在议论文中最为犯忌。又全篇文字，前段和后段只是中心思想的一部分。或是就正面立论，或是就侧面立论，都是要借以说明这中心思想。若是前后互相矛盾，不合逻辑，在议论文中也是最犯忌的。

第二是要有真实的证据。议论文，其目的既是在于要发表一种意见、一种主张或一种判断，是要希望人家信从的。希望人家的信从，在议论文里，不是可以用情感来激动他，要用理智来屈服他。主张和判断不是可以向壁虚造，须有真凭实据。有了真凭实据，才能使人家信从，屈服。在议论文中最怕是夹杂许多成见和意气。要免除成见和意气，就当处处举出证据，来证明一种主张或判断的正确。我们作议论文便应坚守此义。譬如你议论这人不好，不能只是空洞地说"这人不好！这人不好！"必须说明

"这人如何不好"。而所说的"如何不好",又必须正正确确,无一点伪造污蔑的成分。这才是作议论文的正轨。现在人作议论文,常常离开论点,不举证据,(即举例证亦常杂有伪造污蔑的成分)信口谩骂,这如何能折服人,只有使人目为疯狂而已。

  以上论三类文体已竟。我们学习作文的人,能遵守上述各点,同时对于前五章所说的各种应注意和应训练之点,能随时随地去注意和训练,普通作文的方法差不多够用。至于"神而明之"则"存乎其人"。章学诚说得好:"学文之事,可授受者,规矩方圆;其不可授受者,心营意造。"我们也就用不着多说话了。

国文学习法

(据中华书局 1935 年版排印)

小友全民,他是某一个中学校的初中部学生,每次遇到我,总要问问国文学习法。自然,这是他好学的表示,所以不忍使他失望,便陆陆续续地和他讲了不少的话。以下就是他的速记稿,经我略略整理过的。

第一讲 学习之始的三部曲

怎样学习国文?

这不是三言两语就能解答清楚的,且莫嫌水远山遥,慢慢地说去罢。你大概读过《醉书斋记》吧?是清人郑日奎作的。在这一篇文章中,他说到自己沉湎在书里的情形:

> 随意抽书一帙,据坐批阅之。顷至会心处,则朱墨淋漓渍纸上,字大半为之隐。有时或歌或叹,或笑或泣,或怒骂,或闷欲绝,或大叫称快,或咄咄诧异,或卧而思,起而狂走……
>
> 婢子送酒茗来,都不省取。或误触之,倾湿书册,辄怒而加责……
>
> 逾时或犹未食。……及就食,仍挟一册与俱,且

> 啖且阅，羹炙虽寒，或且味变，亦不觉也。至或误以
> 双箸乱点所阅书，良久，始悟非笔，……夜坐漏常午。
> 顾僮侍，无人在侧，俄而鼾震左右，起视之，皆烂漫
> 睡地上矣。

这种读书的情形，是带有疯狂性的，所谓"书呆子"。此外你该听过苏秦努力读书的故事。这是一本书名叫《战国策》上说的。那书上说苏秦：

> 读书欲睡，引锥自刺其股，血流至足。

这种读书的情形，像也带有疯狂性的，却不是书呆子。因为在他读书的时候就说着："安有说人主不能出其金玉锦绣，取卿相之尊者乎？"这和后来的人认定读书只是为的荣华富贵，以为"书中自有千钟粟，书中自有黄金屋，书中有女颜如玉"一样。

以上两种读书的情形，也可说是学习的情形，在你以为哪一种易于效法呢？又是哪一种值得效法呢？你或者怕锥刺股痛，血流多了足以丧命，既不愿效法苏秦，更以为不易效法苏秦。其实你是看错了。偏是郑日奎的情形，看来容易效法起来却不容易。在郑日奎是已经将自己整个的

生命放到书中去,那时仿佛天地之大,就只有他和书的存在。除非你也和他一样地爱好书,一样地对于学习有了强烈的兴趣,他那种读书的情形,是不会效法得惟妙惟肖。至于苏秦的情形,那便不同了。只须你能忍痛,就可以效法得很像。即使自己实在没有读书,别人也不会疑惑到的。我以为郑日奎的读书情形是不易效法,却值得效法,苏秦的读书情形是不值得效法,却易于效法。

并且这两种读书情形,其中有个极大的区别,即:一是自动的,一是被动的。一个读书时伴着浓厚的兴趣,一个读书时傍着森严的威胁。兴趣是由自己内心发生出的,并无旁人来强迫他,所以郑日奎能忘却吃,忘却睡,不觉时光过去之快,腹中之空虚,以及身体之疲劳。至于威胁,是由外面发生的。苏秦因为要想富贵,所以强迫自己读书;又因为他从秦国失意回家后,"妻不下纴,嫂不为炊,父母不与言",气愤不过,要想借读书求得富贵,报复他们的奚落,不得不强迫自己读书。就因为是强迫,非出于自愿,自然容易睡觉。要睡觉,没办法,只好"引锥自刺其股"了。

倘若你之所以要学习国文,是恐怕成绩不及格,会受父亲责骂,不容不勉强从事,那结果必和苏秦一样,常是"读书欲睡"。而你又怕锥刺股痛,血流至足可以丧命,那你的国文成绩又必永不及格,你的父亲也就责骂无已时了。虽然郑日奎的读书情形不易效法,但是他的那种情形之发生,乃是由于读书有兴趣。我们如能于学习国文时也发生兴趣,那国文变成你的好朋友,时刻会面,你受了他不断的薰染,自会日有进步,——所以论学习,重在有学习的兴趣。而兴趣的引起,又必须学习时处处出于自动,因为从自动中才能引起兴趣,有了兴趣,在学习的过程中发生困难时,也才能有勇气来谋解决,有勇气继续地前进。

不过如何才能踏上自动学习之路?这是你知道的,凡是你自动学习的事,必是你爱好的事。你这种爱好之心的产生,大率因为那件事曾引起你的注意;由注意而接近,由接近而爱好,由爱好而自动学习,由自动学习而生兴趣,于是你学习的结果便有所得了。你是会驾驶自由车的。你最初学习驾驶的情形不见如此吧;见到别个同学驾驶自由车,来往奔驰,神气十足,惹起了你的注意和羡慕,于是便常在同学们驾驶的开始和停止时,拢上去看看,这是接近。看得熟了,仿佛自己也有点知道了此中的玄妙,自然地便爱好起来。爱好的结果,你必自动的央请同学们来教你。扶你上,扶你行,扶你下,虽然自己的行动幼稚得可笑,但因爱好之故,总是学而不厌。等到略能驾驶，便自由行动起来。自然初时免不了跌几跤，这可不妨事，依然热心地学习，终于能够驾驶纯熟了。学习驾驶自由车如此，学习国文也得如此。

在学习国文时，注意和羡慕是不成问题。同学中必有国文成绩好的，师长奖励他，同学赞美他，你便不能不对这事加以注意，对人家有些羡慕。只是如何接近的问题值得考虑。这里有两种极简便的方法：一是将国文学习的工具，如字典、辞典，以及笔、墨、纸、砚等时刻有规则地放在自己的面前，使其接近，使其引起自己学习的动机。二是常到阅书室去，见到张三李四在阅书借书，自己也会在不知不觉中受其薰染，阅书借书，与国文接近了。

※ 本讲提要 ※

学习国文，须先引起爱好之心。由爱好而自动学习，在自动学习中，便可发生学习的兴趣。——这是学习之始的三部曲。

第二讲 介绍几个朋友

现在且继续地介绍几个在学习时必不可少的朋友给你。

第一个朋友是字典。好一点，当然是辞典。这一个朋友，是你学习国文时始终不可少的。他可做你的朋友，又可做你的师长，并且更能时刻地不离开你。你对于学习上发生困难时，最好是找他，他总能给你一个圆满的解答。自己觉到的困难，若是竟由自己解决了，不将更愿意去学习，因此又增加许多学习的兴趣和勇气吗？

近人胡适，他的文章你总读过的。他就劝学习英文的人省几文买一部好的大辞典，以为这比寻找教师还重要。其实，现在学习英文的人虽无好的英文大辞典，却总有一部小小的英文字典。而学习国文的人，问他中文字典，则十之八九就没有，更不必说辞典了。自己是辞典没有，字典也没有，课外阅读书，遇到困难就无法解决。去问师长，怕问的方面太多，颇难为情，便爽直地一概不问，无精打采地把书丢在一旁，再不想阅读了。即是师长教的范文，也只靠师长解释，一不留神，就同春风过耳，一去无踪，在自己自修时便觉麻烦了。如若你有字典或辞典，课间或课外，遇到困难，就便查一查字典或辞典，虽是费你一点时间，却比较地能使你牢记着，且可因困难的解决，增加学习的兴趣。所以字典、辞典是国文学习时最重要的工具，必须备置，而且必须备置比较好的。简陋的字典，谬误百出的辞典，和不堪任教的师长一样，对于你非但无益，且足以引你入于歧路；时间精力的抛荒还在其次。既入歧路，习惯已成，谬误已深，以后便不容易矫正过来，这真是不可计算的损失！

除了字典或辞典的这位朋友之外，还有四位朋友，那便是纸、墨、笔、砚，古人称为文房四友，可见古人原是以之为朋友的。我们学习国文，不是只靠着嘴，还要靠手。譬如前引的郑日奎《醉书斋记》中的话："抽书一帙，据坐批阅之。顷至会心处，则朱墨淋漓渍纸上。"这便是他于学习时，觉得嘴读还不够，于是便用笔了。倘若更进一步，要抄录一些下来备遗忘，或记录当时的心得备考证，于是又用纸了。既然用笔用纸，也就同时需要到墨和

砚。这都是我们学习时不可缺少的朋友。古人对于纸墨笔砚是特别讲求,且举笔和砚两个故事给你听:

> 司空图隐于中条山,芟松枝为笔管。人问之,曰:"幽人笔正当如是。"(冯贽:《云仙杂记》)
>
> 米元章尝以端砚呈苏子瞻,子瞻故唾之,因以为遗。(毛晋:《海岳志林》)

司空图是唐朝人,米元章是宋朝人,看他们是如何地重视笔砚?至于古人又说:

> 养笔以硫黄酒,舒其毫;养纸以芙蓉粉,借其色;养砚以文绫盖,贵乎隔尘;养墨以豹皮囊,贵乎远湿。(《云仙杂记》)

这简直和骨董一样地珍爱纸、墨、笔、砚。看似举动太傻,实在也是借重视纸、墨、笔、砚而接近纸、墨、笔、砚,由接近纸、墨、笔、砚而养成读书的习惯,增加读书的兴趣而已。

以上五位朋友,你要时刻接近它们,都要放在手边,它们无一不是你学习国文时的"益友"。

※ **本讲提要** ※

字典或辞典以及纸、墨、笔、砚,是学习国文时的五位"益友",须备置齐全,须时刻接近。

第三讲　接近书籍的态度

　　你爱好国文了，你自动学习国文了，你发生学习的兴趣了，自然，你对于所读之书是时刻接近的。不过接近的态度倒值得考量的。一种是把书当着祖宗一样地尊敬它，一种是把书当着兄弟一样地亲爱它。当着祖宗的，只知道尊敬它，于是不敢点，不敢涂，永远保持着书的原有的新装。当着兄弟的，却不同了，敢点敢涂。虽然书是因点和涂而敝旧了，可是书的内容已深深地印入你的心中，和你已变成一人，这不是很好的事吗？

　　在我的书案上，有一部清代诗话。这书的第一页，就印着一首清人魏际瑞的诗，是谈读书法的。诗的前几句是："若欲翻书，勿以爪掐；若欲看书，勿以手压。掐则痕多，压则汗塌。不可摩擦，擦则模糊；不可卷折，折则疴偻。不可乱点，不可狂涂。识者所笑，马牛襟裾。"如说爪掐、手压、摩擦、卷折，当然是不甚好，但是点和涂却非不好之事，只要不"乱"点，不"狂"涂。我们每读到一本书，这书如是自己的，其重要处或惬意处，正应将它勾画出来，或在句子旁边画红黑录，或在一节一段旁边加上签注。这仿佛是走崎岖的山路，沿路在紧要处随手留下标记，则再来时即可按着标记前进，无疑地要节省许多精力，减少许多摸索的麻烦和时间。

你须记着，如是自己的书，而且又是须精读的书，则你断不可视如祖宗一样，不敢碰它。你要圈点，你要勾画，你更要根据这圈点这勾画，作深究时之引导人，这才是接近书籍的正当态度。若必对于自己精读的书，也过分地保持着整洁，不使有一星污损，则你于阅读时将时刻地注意着书的保护，结果只有不敢接近它，恭恭敬敬地放在书架上，这和将木主放在神龛里有什么分别？前所引的魏际瑞诗还有几句"书贵齐整，不宜散乱；部正行匀，秩然可玩。书贵清白，不宜龌龊；洁净精良，人生一乐。"如此爱护书，是把书当着祖宗，也可说当着骨董；在你学习国文时不可如此。你必有特别爱好的书，时刻不离身边的书。你如能将书的内容一齐收入脑里，那书即破烂不堪，也是值得的。魏际瑞的话大不可听。你该知道孔子是很用功的。他读书时能发愤忘食，试问他怎样接近书籍呢？汉人司马迁著的《史记》上说孔子"读《易》，韦编三绝。"古时无纸，书用竹简写的；韦就是皮带子，是用来编竹简的。孔子因为翻阅之勤，所以编竹简的皮带子再三地断去。你说，孔子是把书籍当作祖宗或骨董看，不敢碰它吗？

※ **本讲提要** ※

接近书籍的正当态度，是把书籍当着兄弟一样地亲爱它。如遇有重要处或惬意处，不妨加上圈点或签注。

第四讲　捕捉时间和利用空间

　　自然，你的问题又来了，恐怕没有学习的时间。因为别种功课忙，便抽不出时间来学习国文了。这是不正当的说法，也是不知捕捉时间的说法。我们无论学习什么，不当坐着等空闲时间，而应努力地合理地去找空闲时间。从前三国时的董遇，因为从他求学的人苦恨没有学习时间，他便说要利用"三余"，就是"冬者岁之余，夜者日之余，阴雨者时之余"。因为在冬天，在夜间，以及在阴雨的时光，人多借此休息，不读书的，如能有人捕捉着这些时间，利用来学习，则学习还苦恨没有时间吗？宋人欧阳修说："钱思公上厕则阅小辞。"又说宋公垂在史院时，"每走厕，必挟书以往；讽诵之声，琅然闻于远近。"上厕所的时间，古人都不放弃，可见古人善于捕捉时间了。

　　本来时间是稍纵即逝的，逝去了就无法挽回。我们如不善于捕捉时间，结果便是浪费时间。从前有四句诗讥笑懒于读书的人，可谓淋漓尽致。这四句诗是："春天不是读书天，夏日炎炎正好眠，夏去秋来冬又到，不如收拾过新年。"今天推到明天，春天推到夏天，岁月如流，像还债一样地延宕读书的日期，结果便终身无适当的读书时候了。

这是就懒于读书的人说的。至于勤于读书的人，也以为没有时间来学习国文，以为每日的时间都被数理化等科分割完了，其实还是怪他不善于捕捉时间。若是他善于捕捉时间，每天总可腾出一些学习国文的机会。譬如在三餐之后，徘徊于草场，或当旭日东升，或当皓月丽空，这时正可背吟几首小诗小词。在就眠前，偃卧在床榻，这时正可默诵已经熟了的范文。这不但无损于身体，且可为消食催眠之助。这是捕捉时间之一法。又譬如在演数学习题之后，正可借国文的学习来调节脑筋。终日学习数理化，脑筋或转混乱不清，效率减少。终日学习国文，亦复如此。彼此调节，既可有益身心，更可增进成绩。是在支配时间之得当。时间支配得当，便是没有浪费时间，也便是捕捉到许多时间了。这又是捕捉时间之一法。

说过时间，不妨再接着谈谈空间。学习国文的地点，多数人以为宜在幽静的处所，因为可免无谓的纷扰和人声的嘈杂夺去学习者的注意。自然，我们在学习国文时，窗明几净，足以使我们胸怀舒畅，容易使我们注意集中。但是我们若养成非窗明几净不可学习国文的习惯，则一遇到窗不明，几不净，便无学习的兴趣了。在现今这样纷扰的时代，就不易每个人都有一窗明几净的学习处所；即便暂时有了，也不见得永远能保持着的。所以我们要养成不论什么地点都可静心学习的习惯。环境坏一些，我们也可适应着环境，造成一种学习的氛围，引起学习的兴趣。

今日的学校中，每于考试之前，学生们惟恐不及格，正式的自修时间过去后，还想孜孜矻矻，夜以继日，名曰"开夜车"。这事，你或者也做过的。当时聚在路灯之下，或是厕所之中，（因为惟有这些地方，夜间才有灯火）既不怕寒风刺骨，也不嫌恶气袭衣襟。在这里，我们正可看出读书之地点，不是一定要窗明几净，像深山古寺一样的幽寂。不过像学校考试前的情形，是被动的，在内心总还有些不愿意，在行动上也就有些勉强。倘使本有自动学习的习惯，又有学习的兴趣，更可不受空间的限制了。

再告诉你关于孔子的一段故事。孔子和他的生徒，在陈蔡之间，被陈蔡的人包围起来了，进退不得，粮食断绝，生徒有许多是生病了，这是如何危急的景光，孔子却"讲诵弦歌不衰"，这种精神，不是值得我们效法的吗？我们也应当不受空间的限制，利用任何的空间来学习。

※ **本讲提要** ※

学习国文应不受时间和空间的限制，要随时捕捉时间，要随地利用空间。

第五讲　四到和四要

这里，我要进而和你谈谈国文学习时的"四到"和"四要"了。

宋人朱熹说："余谓读书有三到：心到，眼到，口到。三到之中，心到最急。"近人胡适觉得三到不够，应该有"四到"，这就是"眼到，口到，心到，手到"。此外清人毛先舒说：

> 读书有四要：一曰收，将心收在身子里，将身收在书房里是也。二曰简，惟简才熟，若所治者多，则用力分而奏功少，精神废而岁月耗矣。三曰专，置心一处，无事不办；二三其心，必无成就。四曰恒，虽专心致志于一矣，若时作时辍，有初鲜终，亦无成也。

一个"四到",一个"四要"。论"四到":所谓眼到,胡适说:"是个个字都要认得。中国字的一点一撇,外国的 abcd 一点也不可含糊,一点也不可放过。那句话初看似很容易,然而我国人犯这错误的毛病的,偏是很多。记得有人翻译英文,误 port 为 pork,于是葡萄酒一变而为猪肉了。这何尝不是眼不到的缘故。谁也知道,书是集字而成的,要是字不能认清,就无所谓读书,也不必求学。"所谓口到,胡适说:"前人所谓口到,是把一篇能烂熟地背出来。现在虽没有人提倡背书,但我们如果遇到诗歌以及有精采的文章,总要背下来,它至少能使我们在作文的时候,得到一种好的影响。"所谓心到,胡适说:"是要懂得每一句每一字的意思。做到这一点,要靠外面的设备及思想的方法的帮助,须有三个条件:(一)参考书,如字典、辞典、类书等。平常说'工欲善其事,必先利其器'。我们读书,第一要工具完备。(二)做文法上的分析。(三)有时须比较,参考,融会贯通。"所谓手到,胡适说:"何谓手到?手到有几个意思:(一)标点分段,(二)查参考书,(三)做札记。"以上"四到"的解释极为清楚,当然是我们学习国文时必有的修养。至论"四要",毛先舒自己也讲说得很明白,同为不可缺乏的修养。

现在再综合"四到"和"四要"来讲。要眼到,口到，手到，还得先要心到。而要真正地心到，又必须有毛先舒所说的四要：收、简、专、恒。不收、不简、不专、无恒，是断乎不能做到真正的心到。这里且介绍你两个笑话：

> 齐有病忘者，行则忘止，卧则忘起。其妻患之，谓曰："闻艾子滑稽多智，能愈膏肓之疾，盍往师之？"其人曰："善。"于是乘马挟弓矢而行。未一舍，内逼，下马而便焉。矢植于土，马系于树。便讫，左顾而睹其矢，曰："危乎！流矢奚自？几乎中余。"右顾而睹其马，喜曰："虽受虚惊，乃得一马。"引辔将旋，忽自践其所遗粪。顿足曰："踏却犬粪，污吾履矣。惜哉！"鞭马反向归路而行。须臾，抵家。徘徊门外，曰："此何人居？岂艾夫子所寓耶？"其妻适见之，知其又忘也，骂之。其人怅然曰："娘子素非相识，何故出语伤人？"

这是明人陆灼著的《艾子后语》中的笑话。这位病忘者是没有心的，也可说未能收心，所以糊糊涂涂，竟连自己的妻子都不认识了。学习国文如不能收心，虽不必糊涂到那位齐人的地步，而终日昏昏睡梦间，不知所读为何书，怕

是必然的结果。还有一个笑话,是明人刘元卿《应谐录》上的:

> 汝有田舍翁,家赀殷盛,而累世不识之乎。一岁,聘楚士训其子。楚士始训之搦管临朱,书一画,训曰一字,书二画,训曰二字,书三画,训曰三字。其子辄欣欣然掷笔,归告其父曰:"儿得矣!儿得矣!可无烦先生,重费馆谷也。请谢去。"其父喜,从之,具币谢遣楚士。逾时,其父拟征召姻友万姓者饮,令子晨起治状。久之不成,父趣之。其子恚曰:"天下姓字夥矣,奈何姓万?自晨至今,才完五百画也。"

这田舍翁的儿子,因了无学习的习惯,更无学习的恒心,所以只学了三个字,就以为其他一切可以准此豁然贯通,等到应用时,不怪自己的浮夸无恒,转怪人家不应姓万,真是"其愚不可及也"。我们学习国文时,如无恒心,将来必有类似这田舍翁的儿子的笑话发生出来。

上面是不收、无恒的两个笑话。现在再说两个关于"简"和"专"的故事罢:

姚姬传比部尝效作词，嘉定王太常鸣盛语休宁戴太史震："吾昔畏姬传，今不畏之矣。彼好多能，见人一长，辄思并之。夫专力则精，杂学则粗，故不足畏也。"姚闻之，遂不作词，且多所舍弃，以古文名世。（陆以湉《冷庐杂识》）

朱买臣家贫好读书，不治产业，常艾薪樵，卖以给食。担束薪，行且诵书。其妻亦负戴相随，数止买臣毋歌讴道中。买臣愈益疾歌。妻羞之，求去。买臣笑曰："我年五十当富贵，今已四十余矣，汝苦日久，待我富贵报汝功。"妻恚怒曰："如公等终饥死沟中耳，何能富贵！"买臣不能留，即听去。其后，买臣独行歌道中，负薪墓间。（班固《汉书》）

清人姚姬传听人一说，从此读书能简，汉人朱买臣虽然跑掉妻子，依然读书能专，所以各有成就。——这不是我们应当效法的吗？总之：一个人在学习时能收，能简，能专，有恒，这才是真正的心到。心真能到，然后眼到，口到，手到，才事事切实，处处周密。

※ **本讲提要** ※

胡适说读书有四到：眼到、口到、心到、手到。毛先舒说读书有四要：收、简、专、恒。所说都是很对。不过要眼到、口到、手到，须得先要心到。而要真正地心到，又必须先做到四要：能收、能简、能专、有恒。

第六讲　默读和朗读

前面和你谈的,你或者以为空洞一点吧?其实那都是在国文学习前或学习时应有的修养和态度,可以说是学习的先决问题。若是你不泥于迹象,未尝不可承认应有的修养与态度各点也都是学习法,不过诚如你所说,空洞一点罢了。现在就续谈其他的各方面。

先谈默读和朗读。在学习国文时,"读"是很重要的。因为读时不但可以利用眼睛来记忆,并且可以利用耳朵来记忆,而当时喉咙间筋肉的活动亦复有助于记忆。

"读"分两种,即朗读和默读。近人很有反对朗读的,以为不如默读的好。就表面上看,似乎默读可以免去声浪的嘈杂,可以减少学习的时间。其实默读并非默看。默读还是需要读,不过细声诵读,别人虽不能听见,而在他自己是不会停止了喉咙间筋肉的活动,自己的耳朵依然要觉察到的。所以说默读可以免去声浪的嘈杂还可成立，若说可以减少学习的时间，却非正确之论。只有默看是不要读，可以减少学习的时间。但是默看所以能减少学习时间的原故，就因眼光在读本上转移得太快，有时眼光竟会在模糊中遗弃了读本上的一节或一行未看。倘使我们愿意学陶渊明"不求甚解"还可，如其"必求甚解"，默看所给予我们的损失便大了。并且还有一点，在默看时，读本中的难解字句又常会模糊看过，漫不经心。若改"看"为"读"，因为有嘴和耳朵帮忙，能彼此牵制着，使你眼光不致转移太快，或者遗弃了一节一行，又能坚强你设法解决难解字句的心，使你不易模糊过去。——由此可知"读"比"看"的功效大。而读之中，默读不容出声，常会变为默看。并且默读既不容出声，自然更谈不到读时的声音之抑扬高下，这在略读或浏览时尚无大碍，如在精读时，非朗读就不容易把文句的构造和感情两方面深切地体会到。譬如：

清明时节雨纷纷，
路上行人欲断魂。

这两句诗，"时节"两字可读低一点，"路上"两字也可读

低一点。其快慢方面,又当如下面的符号所示:

清——明～～时——节—雨—纷—纷～～
路—上—行——人～～欲—断—魂～～

直线的长短表示快慢,曲线表示声音之颤动。如此读去,便可体会到这两句诗的构造方式,以及其中所含蕴着的感情。这在默读时是无法做到的。由此又可知"朗读"有时比"默读"的功效大。

说到朗读,又可分为快读和缓读两种。朱熹说:"未熟快读,足遍数;已熟缓读,思理趣。"姚姬传说:"疾读以求其体势,缓读以求其神味。得彼之长,悟我之短,自有道也。"缓读在朱氏以为用以思"理趣",在姚氏以为求其"神味",这都有道理。因为缓读可以使你充分地运用自己的智力探求读物内容方面之涵义,以及欣赏形式方面之美妙。而快读像朱氏以为是足遍数,这也有道理。因为读得快,较之读得慢,在同一时间中可把读物多读几遍。譬如是一首诗歌,若读得慢,不过五遍,如倍其速率,那么,于同一时间中便可得到十回复习了。换句话说,又可以多记忆几遍。至于如姚氏所说,以为是求其体势,则并非快读重大的使命。所谓体势,应该在腔调里求,应该在腔调的抑扬快慢里求,不该仅在快读里求。只是这里所说的快读,并非随便出之,模糊读过,还要尽全力来读,一句一字来读的。清人郑燮说得好:"读书以过目成诵为能,最是不济事。眼中了了,心下匆匆。方寸无多,往来应接不暇,如看场中美色,一眼即过,与我何与也?"所以"快读"是努力的"快",是可能范围以内的"快",而不是草率的"快",但求了事的"快"。并且在"快"之中,还得要有抑扬快慢,句句清楚,字字分明。从前有人作诗,因为怕当时偶然想到的好诗句从脑海中逃去,于是执笔急书。过了一时,再拿起纸来看看,因为当时写得太快,字不成字,犹如蚯蚓,此时竟连自己也不认识是什么字了。我们在慢读时,如连自己都不知是读的什么,滔滔汩汩,一泻而下,这和那人作诗的情形一样,是一点用处也没有的。

※ 本讲提要 ※

看书不如读书。读书分默读、朗读两种。朗读有时比默读的功效大。尤其是在精读的时候,朗读可以把文句的构造和感情两方面深切地体会到。其法又可分快读、缓读两种,各有其用。缓读可以思"理趣",求"神味",快读可以足"遍数"。

第七讲 精读和略读

现在再谈精读和略读。

清人曾国藩曾经说过:"大抵看书与读书,须划分为两事:看书宜多宜速,读书宜精宜熟。"曾氏说的看书,便是指略读,读书便是指精读。曾氏接着又说:"看者日知其所亡,读者月无忘其所能。看者如商贾趋利,闻风即往,但求其多;读者如富人积钱,日夜摩挲,但求其久。看者如攻城拓地,读者如守土防隘。二者截然两事,不可阙,亦不可混。"这是说精读与略读各有功用,不可偏废。本来精读在于打基础,略读在于充实内容。基础不固,虽有内容,等于沙上筑塔;基础虽固,缺乏内容,又必局促如辕下驹,不能开展。再拿你家里的住宅来做比喻。你家造了一座住宅,要时刻注意修理它,保护它,这和精读差不多。可是单有空房子不够,还要有用器,更要装潢,这才使得住宅中的人感觉到安适、愉快。如用器时有增加，装潢时有变化，那住宅中的人必更感觉到安适、愉快了。这又和略读差不多。可知精读和略读虽是"截然两事，不可阙，亦不可混"，却有相互的关系。

不过怎样才叫精读呢？若是正确地说，应把它当作"熟读精思"解释。这中间包含记忆和理解两个要素。朱熹说的几段话很清楚，且介绍给你看看罢。他说：

> 为学读书，须是耐烦细意去理会，切不可粗心。如数重物色，包裹在里许，无缘得见，须是今日去了一重，又见得一重，明日又去了一重，又见得一重。去尽皮，方见肉；去尽肉，方见骨；去尽骨，方见髓。使粗心大气不得。

> 读书比方看屋。若在外面见有此屋，便谓见了，即无缘识得。须是入去里面，逐一看过，是几多间架，几多窗棂，看了一遍，又重重看过，一齐记得才是。

> 须是一棒一条痕，一掴一掌血，看人文字当如此，岂可忽略？看文字须是如猛将用兵，直是鏖战一阵；如酷吏治狱，直是推勘到底，决是不恕他方得。

我们对于精读书如能保持着这样的态度,那才真正地算作精读。惟其如此,所以精读的书,不可贪多,要常使自家力量有余,一本一本地读,或者一遍一遍地读,更不可见异思迁,中道而止。在《中学生》杂志第三十九号上有一篇文章,题为《读破一卷书》。文中说到盛国成和巴金的读破一卷书的方法。他说盛国成之"所以能够精通世界语,就是得力于'读破一卷书'的方法。当他最初学懂了世界语以后,就选取了一本于文法上文体上都能够算作模范的 Fundamenta Krestomatio（《基础文选》）。这部书是世界语创始者柴门霍夫博士手编的。文法是句句可以当作模范的,文体有论文,有小说,有戏曲,有诗歌,有故事,有随笔,也是篇篇可以当作模范的。盛先生选取了这本诸体俱备的好书,反复地读,一遍,两遍,十遍,百遍,不厌求详地读,读到烂熟,读到书页散碎,把文法文体的精髓与奥妙,融会贯通,差不多可以说完全理解过来,仿佛成了自己的作品一样。"他说巴金"懂得许多种语言文字。每当他学习一种语言文字的时候,也是采用了'读破一卷书'的方法,选取了一本于文法上、文体上都能够算作模范的书来反复地读,一遍,二遍,十遍,百遍,每读通一种语言文字,便读破了一本书。我亲眼看见他把一本一本的书读到破碎不堪,还是像要把书本吞下肚去似的埋头阅读。"这种精读的方法，是很值得我们效法的。

至于略读的书，则宜乎博。本"开卷有益"的主张，多方面地浏览。胡适曾说："我们应该多读书，无论什么书都读，往往一本极平常的书中，埋伏着一个很大的暗示。书既是读得多，则参考资料多，看一本书，就有许多暗示从书外来。"周作人说："小说，曲，诗，词，文，各种；新的，古的，文言，白话，本国，外国，各种；还有一层，好的，坏的，各种，都不可以不看。不然，便不能知道文学与人生的全体，不能磨练出一种精纯的趣味来。自然，这不要成为乱读，须得有人给他做指导顾问，其次要别方面的学问知识比例地增进，逐渐养成一个健全的人生观。"胡氏和周氏都主张多方面地读，在前面我已说过，略读在于充实内容；既是目的在充实内容，所以多方面地读，当然是对的。不过略读不是乱读，周氏说，要有人做指导顾问，这也对极。譬如你读了几首诗，你想再读一些，你读了几首词，你也想再读一些，你得请教你的师长，请他介绍几本关于诗词的书给你。并且更得注意以下两个条件：一、投合你的兴趣；二、适应你当前的需要。

以上讲过了精读和略读，趁便还要讲一讲知识、经验对于读文的帮助。我们该知道知识、经验从书本上得来的只不过是一方面，此外还有两方面：一是亲身所经历；二是得之别人的传说。读书可以增加我们的知识和经验，这是必然的事实，但有时又需别的知识和经验来解答我们读书时所发生的难题。譬如你没有离开过你的故乡，你就不易深切地了解别人写的关于思念故乡的文章；你没有到过上海，你就不易深切地了解别人写的关于上海繁华的文章。万事万物，你事前对它没有一种观察，没有一种认识，那别人的议论和叙述，会使你感觉到了解得不透澈。所以我们要随时随地注意观察，以增加自己的知识和经验；又须于可能范围内亲身地体验，或求之于知识和经验丰富的人，以增加自己的知识和经验。知识和经验愈丰，读书时在内容方面就可减少许多的隔阂。清人顾炎武周游全国，必随带许多的书，每到一处，就把书本上所记载的与实际情形相比较。有不大明白处，又访之田夫野老。结果，书中有错的加以订正，书中不详的加以补充，末了，完成了他的不朽的著作《天下郡国利病书》。这种读书，才叫脚踏实地的读书，真正的读书。以读书增加知识和经验，又以知识和经验增加读书的效能，减少读书时的隔阂，这中间是有连环性的，我们不应轻轻地忽略过去。

※ **本讲提要** ※

精读是打基础，略读是充实内容，两事不可偏废，更有相互的关系。精读要熟读深思，要有"读破一卷书"的精神；略读要有计划地博览，并且要投合自己的兴趣，适应自己当前的需要。此外更须以书本以外的知识经验来增加读书的效能，减少读书时的隔阂。

第八讲　读文的腔调和背诵的方式

现在我要谈谈读文的腔调和背诵的方式了。

在前面第五讲里不是提到胡适的"四到"吗？"四到"之中不是说到"口到"吗？又在前面第六讲里不是提到"读"是有助于记忆，而"朗读"又可把文句的构造和感情两方面深切地体会到吗？谈到口到，就要读；谈到读，就要有腔调。无腔调的读是乱读。从前有人形容私塾里的学童读文是"一阵乌鸦噪晚风"，无腔调的读文，也就等于"一阵乌鸦噪晚风"，嘈杂得令人难受。这又何补于记忆，何能把文句的构造和文句中所含的感情两方面深切地体会到？近人夏丏尊和叶圣陶合著的《文心》上《书声》一章里教国文的王先生不是和他的学生说吗："近来学生们大家虽说在学校里'读书'或'念书'，其实读和念的时候很少，一般学生只做到一个'看'字而已。我以为别的功课且不管，如国文英文等科是语言学科，不该只用眼与心，须于眼与心以外，加用口及耳才好。读，就是心、眼、口、耳并用的一种学习方法。"这位王先生是赞成读的。并且他说："一个人的通与不通，往往不必去看他所作的文字，只须听他读文字的腔调，就可知道。"因此他就订出许多符号来表示每句文章在读时应该高低，强弱，缓急的地方。符号是这样："△是表示全句须由低而高的，▽是表示全句须由高而低的，•是表示句中某一字或几字须重读的，这都是高低方面的符号。∨是表示句的上半部读音须强的，∧是表示句的下半部读音须强的，◊是表示句的中央部分读音须强的，这是强弱方面的符号。—表示须急，⸺表示须缓，这是缓急方面的符号。声音的差异，不外高低、强弱、缓急三种。此三种符号以外还有一个〰〰，是表示读到这里须摇曳的。"再加详细的说明：

△符号的用途

（1）意义未完结的文句　例如：

（一）再过三天就放暑假了。

（二）香港上海天津汉口是中国的重要商埠。

（2）号令或绝叫的文句　例如：

（一）中华民国万岁！

(二)快让开！马来了！
(3)疑问句（句中无别的疑问词） 例如：

(一)他是你的朋友吗?

(二)你不相信我的话吗?

(4)惊愕的文句 例如：

(一)他死了！

(二)爸爸爸爸你怎么了！

▽符号的用途

(1)意义完结的文句 例如：

(一)我是第一中学的一年级生。

(二)得酒肉朋友易，得患难朋友难。

(2)插入疑问词的问句 例如：

(一)你是来干甚么的?

(二)谁, 方才来看我的? 你看结果怎么样?

(3)祈求的文句 例如：

(一)请把这书给了我。

(二)但愿我的学生成绩好。

(4)愤恨感激慨叹的文句 例如：

(一)这人不是个好东西！

(二)这位朋友真难得！

（三）呜呼，鉴湖女侠秋瑾之墓！

·符号的用途
（1）文句之中，有特别主眼，或是前后的词彼此相关联照应的时候，通常都该重读。例如：

（一）这儿是法华寺客堂。

（二）逐二兔者不得一兔。

（三）不能二字，唯愚人之字典中有之。

∨ 符号的用途
（1）用之于表悲壮、快活、叱责或慷慨的文句。

∧ 符号的用途
（1）用之于表不平、热诚或确信的文句。

◊ 符号的用途
（1）用之于表庄重、满足或优美的文句。

― ―― ～ 三种符号的用途
（1）含有快活、确信、愤怒、惊愕、恐怖、怨恨等感情的文句，全体须急。

(2) 含有庄重、畏敬、谨慎、沉郁、悲哀、仁慈、疑惑等感情的文句,全体须缓。

(3) 我们读一个字,读得很缓的时候,并不只是平板地拖长,喉间往往会发颤动,颤动可以说是一种最缓的方法。

缓急的法则应用时须顾虑到文句的构造与感情两方面才好。高低与强弱的法则,应用时也是如此。

以上都是那位王先生的朗读法。自然,细细地研究起来,这样还嫌简略,可是我们能照这样去读,至少可免去"一阵乌鸦噪晚风"的乱读了,并且也能把文句的构造和文句中所含的感情体会到许多了。不过要读一篇文章,先得了解这篇文章,然后才能知道各文句应该高低、强弱、缓急之处,读时也才能合拍;否则,亦不过有类孩童学习唱歌,随便哼哼而已,还不能了解歌曲的内容的。那又何取乎有腔调的读呢?

上面说过读文的腔调,此刻再来说背诵的方式。说到背诵的方式,就得先说背诵。有许多人是不赞成背诵的,其理由像是嫌背诵费时间,无实益。其实背诵该分两种,一是死背诵,二是活背诵。死背诵是不管懂不懂,生吞活剥地塞到脑子里去。活背诵是明明白白地了解以后,很自然地记在心头。试想已经明明白白地了解了,而不能背诵,那又何能受用?现在学校里各科作业中,都有一大部分记忆工夫,何以独有国文就任它随读随忘,不赞成背诵?这真不可解。我们该反对死背诵,不该反对活背诵。

知道活背诵不该反对,就可和你谈谈背诵的方式了。

第一,统读和分读的比较,就是我们对于一篇文,一首诗,或长或短,是宜乎分段地读,还是一气呵成地读?在理论上说,是宜从头至尾一气呵成地读,反复练习,直到记忆得很熟为止。这至少有两种好处:一、各段有均齐的练习机会;二、对于读物可有完全及圆满的注意。不过事实上分段读是比较容易记忆。但分段读又会使人因此不能明了全篇的整个精神,只记得些零零碎碎的美辞丽句。最好是先统读几遍,然后分读,分读后更统读,这样便可调节了统读和分读的得失。

第二,表演式的背诵和讲演式的背诵,是有助于记忆和内容之深切的了解的。这点,你或者不甚明白,且举个例子来说明罢。你该读过陈衡哲的《运河与扬子江》的。倘使你读了几遍,觉得差不多熟了,你大可约一位同学,一人做运河,一人做扬子江,彼此按照原文对话起来。把原文中的神味用语调的高低缓急,以及面部的表情,手足的活动等等表演出来,这不可以增加你背诵的兴趣吗?不又可以帮助你记忆和内容的了解吗?再举一个例,是明人

江盈科作的《妄心》:

> 一市人贫甚,朝不谋夕。偶一日,拾得一鸡卵,喜而告其妻曰:"我有家当矣!"妻问安在。持卵示之曰:"此是。然须十年,家当乃就。"因与妻计曰:"我持此卵,借邻人伏鸡乳之。待彼雏成,就中取一雌者。归而生卵,一月可得十五鸡。两年之内,鸡又生鸡,可得鸡三百,堪易十金。我以十金易五牸。牸复生牸,三年可得二十五牛。牸所生者,又复生牸,三年可得百五十牛,堪易三百金矣。吾持此金举债,三年间,半千金可得也。就中以三之二市田宅,以三之一市僮仆,买小妻,我与尔优游以终余年,不亦快乎?"妻闻欲买小妻,怫然大怒,以手击鸡卵,碎之,曰:"毋留祸种!"夫怒,挞其妻,仍质于官曰:"立败我家者,此恶妇也;请诛之!"官司问家何在,败何状。其人历数自鸡卵起至小妻止。官司曰:"如许大家当,坏于恶妇一拳,真可诛!"命烹之。妻号曰:"夫所言皆未然事,奈何见烹?"官司曰:"你夫言买妾,亦未然事,奈何见妒?"妇曰:"固然;第除祸欲早耳!"官笑而释之。

你读这篇文章时,你如也能用表演式,约两位同学,一做市人,一做市人之妻,一做官司,不必改文言为语体,就照原文表演起来,不但易于记忆和了解,并且也更有兴趣。若说是抒情文或议论文不便表演,那就可用讲演式。像你平时练习讲演那样,或自己私下讲,或对同学讲,这都可以的。因为讲演须有表情,总不能呆若木鸡一样,这表情便有助于背诵时的记忆和内容的了解。

※ 本讲提要 ※

读文应有腔调,无腔调的读是乱读,不足为法。腔调的高低、强弱、缓急,如要合拍,应先能了解读物的内容。至于高低、强弱、缓急的分别和用法,《文心》中那位王先生说的虽是简单,倒还可用。再背诵的方式,应统读与分读合参来用,并且要按文体分别采用表演式的背诵法和讲演式的背诵法。

第九讲　三种文体的学习法

你是知道的,我们读的文章,大概可分三种,就是记叙文、抒情文和议论文。这三种文体,在学习时,方法上也应该有点差别。

先说记叙文。记叙文的内容,须有真实性。这真实性,是记叙文的基石,丝毫不能忽略的。我们在读记叙文时,就当先注意它记叙的事实是否有真实性。(就是虚构的也必要写得和真实的一样)次则又要看它写的层次是否分明:层次不分明,决不是好的记叙文;好的记叙文,前后的层次必是写得井井有条。又次则看它如何支配材料。好的记叙文,必是材料支配得当,繁简适宜;并且要使得繁的不觉其繁,简的不觉其简。再次则看它所写的是否深刻:好的记叙,不但要有层次,要材料支配得当,繁简适宜,更要写得很深刻。譬如唐人白居易作的《荔枝图序》:

> 荔枝生巴峡间，树形团团如帷盖；叶如桂，冬青；华如橘，春荣；实如丹，夏熟；朵如葡萄；核如枇杷；壳如红缯；膜如紫绡；瓤肉莹白如冰雪；浆液甘酸如醴酪；大略如彼，其实过之。若离本枝，一日而色变，二日而香变，三日而味变，四五日外，色、香、味尽去矣。元和十五年夏，南宾守乐天，命工吏图而书之，盖为不识者与识而不及一二三日者云。

在这短短的文中，真实性当然有的。前后的层次又极分明，材料的支配更繁简得宜，尤能写得极深刻，把荔枝写得比画得入神。这才是好的记叙文。我们读记叙文时，能从这几方面去分析，才能知道记叙文的美恶，也才能知道记叙文应如何写法。

再说抒情文。读抒情文，首应注意文中所写之情是否真实。无病呻吟的抒情文，必有许多扭捏的痕迹。次则应注意文中所写之情是否具体。具体的抒写，才能给读者具体的印象。我们读抒情文，就在研究作者如何地表现出内心的真情，要注意作者抒情的技巧：如何开端，如何结尾，中间又如何地开展。但这只是要借此学习抒情的技巧，将来好应用来写自己的抒情文，却不是叫你去模仿。《扪掌录》上有一段笑话：

> 李廷彦曾献百韵诗于一上官。其间有句云:"舍弟江南殁,家兄塞北亡。"上官恻然悯之曰:"不意君家凶祸重并如此!"廷彦遽起自解曰:"实无此事,但图属对亲切耳。"上官笑而纳之。

并没有死去自己的弟弟和哥哥,却硬生生地派定他们是死了,在这位姓李的或者以为如此可以写得哀痛一点,不想到结果是益增其丑恶和无聊。他是忘了技巧可以学别人,情感不可以学别人的。

这里举一篇最短的抒情文给你看看罢。唐人韩愈《祭房君文》:

> 维某年月日,愈谨遣旧吏皇甫悦以酒肉之馈,展祭于五官蜀客之柩前:呜呼!君乃至于此,吾复何言!若有鬼神,吾未死,无以妻子为念。呜呼!房君其能闻吾此言否?尚飨!

这位房君,名次卿,字蜀客。韩愈的祭文虽是寥寥不足百字,可是情很真实,不装腔,不作势,所以依然十分动人。我们读抒情文如能在这些地方注意,那将来在自己写抒情文,便不会像李廷彦那样,写出"舍弟江南殁,家兄塞北亡"的令人喷饭的作品来。

说到抒情文要写得具体,再举郑振铎的《离别》文的一段来做例子罢:

> 别了,我爱的中国,我全心爱着的中国!当我倚在高高的船栏上,见着船渐渐的离岸了,船与岸间的水面渐渐的阔了,见着许多亲友挥着白巾,挥着帽子,挥着手,说着"再会再会!"听着鞭炮劈劈啪啪的响着,水兵们高呼着向岸上的同伴告别时,我的眼眶是润湿了,我自知我的泪点已经滴在眼镜面了,镜面是模糊了,我有一种说不出的感动!

这写离别之情便很具体,因为他不是空喊离别的悲哀,而是从各方面衬出离别的悲哀来。好的抒情文都是如此。

末了,更说议论文。读议论文,要注意文中的中心思想和作者议论的根据。同是议论一件事或是一个人,各是其所是,各非其所非,这是没有关系,但总当各有其中心的思想,各有其议论的根据。我们在读时,要看作者如何地说出中心的思想,如何地运用他的证据。做议论文如临阵作战,稍有罅隙,敌人便乘机来进攻。我们读议论文,就是看作者如何作战,学作者如何作战。假如同一件事物的讨论文字,各持一端,我们更可比较来看,看各方不同的作战计划:如何坚守自己的营垒,如何进攻敌人的营垒。又,古今的议论文,有许多是不能说出它的中心思想,更没有什么牢不可拔的理论根据,于是在文中横生枝节,变更论点,以掩护它最后的议论根据地。所以我们读议论文时,还要细细地去推敲,不放松它一点,仿佛我们就是作者的敌人。因为你如能这样推敲,将来自己做议论文时才能像作者一样,稳扎稳打,敌人极难进攻。你读过清人彭端淑的《为学》吗?这是一篇很短的议论文:

> 天下事有难易乎?为之,则难者亦易矣;不为,则易者亦难矣。人之为学有难易乎?学之,则难者亦易矣;不学,则易者亦难矣。吾资之昏,不逮人也,吾材之庸,不逮人也,旦旦而学之,久而不怠焉,迄乎成,而亦不知其昏与庸也。吾资之聪,倍人也,吾材之敏,倍人也,若屏弃而不用,其昏与庸无以异也。圣人之道,卒于鲁也传之。然则昏庸聪敏之用,岂有常哉?蜀之鄙有二僧:其一贫,其一富。贫者语于富者曰:"吾欲之南海,何如?"富者曰:"子何恃而往?"曰:"吾一瓶一钵足矣。"富者曰:"吾数年来欲买舟而下,犹未能也;子何恃而往?"越明年,贫者

自南海还，以告富者，富者有惭色。西蜀之去南海，不知几千里也，僧之富者不能至而贫者至之，人之立志，顾不如蜀鄙之僧哉？是故聪与敏，可恃而不可恃也；自恃其聪与敏而不学者，自败者也。昏与庸，可限而不可限也；不自限其昏与庸而力学不倦者，自力者也。

你看这篇文章中的中心思想就在劝人"力学"，是何等的鲜明。而它议论的根据就是"有志竟成"，又是何等的正确。中间再用蜀鄙二僧来作比，便更觉它的话不错。好的议论文都是如此。

※ 本讲提要 ※

读记叙文，要注意它内容是否真实，层次是否分明，材料支配是否得当，记叙是否深刻。读抒情文，要注意其所写之情是否真诚，是否具体。读议论文，要看作者如何地说出他中心的思想，如何地运用他的证据。

第十讲　关于札记

这次想和你谈谈札记。

从表面上看，作札记像是很愚笨的工作，劳苦多，收获少，为聪明的学生所不屑为；实则这种看似愚笨的工作，不但是读书最重要、最可靠的基础功夫，就是许多大学问大著作也往往是从札记中产生出来的。顾炎武不是清初的大儒吗：他的名著《日知录》就是作札记的成绩。他自己说："所著《日知录》三十余卷，平生之志与业皆在其中。"可见札记的重要。他又回答他的朋友说："承问《日知录》又成几卷，而某自别来一载，早夜诵读，及复寻觅，仅得十余条。"又可见作札记并非容易的事。

自然，你是一个初中学生，不必就希望将来做什么大儒，预备借作札记将来成功一部什么大著作，但是为了考核你读书勤惰计，发展你思想能力计，练习你作文迅速计,札记还得要作的。这里且按照你的能力告诉你几种札记的式样。

一　抄录式

抄录当然很苦,但是为用甚大。譬如读过的文章,时间过久,常会遗忘,抄录一遍,可以使自己的印象深刻,抵得上多读十遍二十遍。凡是教师所讲,书中所见,以及报章杂志所载,只须是与自己立身、行事、修学、作文有关系,并且是些闻所未闻,见所未见,都可把它择要抄录下来,标一个题目,下面注明由来,备考。如有疑问,在上面可加一个"?"号,好慢慢地来解决它。梁启超说得好:"我们读一部名著,看见它征引那么繁博,分析那么细密,动辄伸着舌头说道:这个人不知有多大记忆力,记得许多东西,这是他的特别天才,我们不能学步了。其实哪有这一回事。好记性的人不见得便有智慧,有智慧的人比较地倒是记性不甚好。你所看见者是他发表出来的成果,不知他这成果,原是从铢积寸累、困知勉行得来。大抵一个大学者平日用功,总是有无数小册子或单纸片,读书看见一段资料,觉得有用者即刻抄下(短的抄全文,长的摘要,记书名卷数页数)。资料渐渐积得丰富,再用眼光来整理分析它,便成一篇名著。这种工作,笨是笨极了,苦是苦极了。但真正做学问的人,总离不了这条路,研究动植物的人懒采集标本,说他会有新发明,天下怕没有这种便宜事。"可见抄录的用处是很大的,我们应当慢慢地养成这种习惯。

二 纲要式

每看长篇巨著之后,时间过久,尤会遗忘。所以在读的时候,就要将其大意摘出,做成纲要。韩愈不是说过吗:"记事者必提其要,纂言者必钩其元。"所谓"提要",所谓"钩元",便是我们这里说的纲要式的札记。很长的一册书,或者是很长的一篇文章,你若是作一篇纲要,则对于原文必更加了解,更加容易记忆,将来查考起来也极其方便。至于如何作纲要,有人是把一篇文章分为①体裁、②主旨、③内容概要、④分段……来作,更有人作成表解。一册书的纲要,也可如此作。这是没有一定的表格,只求以后查考起来便利,无论怎样都可以。

三 批评式

这里所谓批评,并不是信口开河,乃是读书以后心得的记录。我们如果很仔细地读书,必时有心得。有了心得,就立即记录下来。这样随得随记,一点一滴积聚起来，便是学习的最稳当的基础。即如你读了一篇诗，或一篇文，又或是一册书，必有极赞成的地方，又或有不甚赞成的地方；为什么赞成，为什么不甚赞成，你自然是有个理由。你把这个理由很明白地写下来，便是批评式的札记。又如你读了一篇诗，或一篇文，又或是一册书，或者触类旁通，想到另外的许多事，或者觉得作者说的还有可以补充的地方，你把这触类旁通的以及可以补充的地方，很明白地写下来，也便是批评式的札记。再如你读了同一题目的几篇诗、几篇文，各各写法不同，你比较，你研究，研究之后，觉得各有所长，或者各有所短，把这各有所长或各有所短的地方很明白地写下来，也便是批评式的札记。这可以训练你的思虑，练习你的文笔，是极有用的。自然，你所批评的未必正确，但是供自己的参证，这是没有什么关系的。

四　注解式

这种札记，似乎极无聊，可是对于初习国文的人效用却极宏大。你每日必有生字若干、新名词若干以及不了解之辞句若干，一齐用一个小册子记录下来，把参考询问所得分别地注释在下面。以后如发现了错误，即随时修正。学习既久，如觉得从前注释的，浅薄不能当意，再重写一遍。等到果然了解于心，注释已觉无用，便一一涂去。这样地做去，几年之后，你读诗，你读文，必定觉得困难渐少。

以上不过略举几种札记的式样备你写札记时的参考。如何变化来用，那都在于你自己了。

※ *本讲提要* ※

札记是读书最重要、最可靠的基础功夫，不可以为愚笨的举动不注意它。大概的式样有抄录式、纲要式、批评式、注解式，可以变化来用。

第十一讲　未作文以前

和你谈了许多,还没提到作文,就再谈谈作文罢。

这里有四句话,在我们动笔作文之前常是用得着的,就是"勤勤地搜集,细细地观察,好好地整理,深深地思索"。作文要有材料,没有材料是作不成好文章的。材料的来源不外三方面:书本上读来的;别人家传来的;亲自经验来的。唐代大诗人杜甫的诗"读破万卷书,下笔如有神",可见书本上读来的多了,会使你"下笔如有神"的。《聊斋志异》你该看过。写《聊斋志异》的蒲松龄,他在写这书时喜欢坐在道旁,遇见人便请他坐下吃茶抽烟,并且请他谈谈狐鬼。蒲松龄听了以后逐一地记录下来,便成功了《聊斋志异》一书。可见别人家能传给我们许多作文材料。我们固然不必学蒲松龄请人谈狐说鬼,却须时刻注意到别人有经验的谈话。至于亲自经验一层,和作文有关系，更是显而易见。你的经验越多，你作文的材料也就越多。你描写一种景色，你批评一件事物，你如没有经验，如何描写？又如何批评？你作文，你得有材料，你得搜集材料，你还得勤勤地搜集材料。

除了勤勤地搜集材料之外，有时更须细细地观察。譬如罢，你要写一景，或是写一物，你应当将这景物细细地观察一番。你能观察得细，你才能描写得细。施耐庵写《水浒》，相传他曾先把《水浒》中一百零八位好汉，一个个画好了挂在墙壁上，写到某一位好汉，必先对某一位好汉观察一番。又如法国的莫泊桑，他是世界的短篇小说之王。他因为要知道一个人被人家踢痛后痛苦的光景，特地出了许多钱去买一个人来踢，好借此来精细地观察。这种方法，原是他的母亲告诉他的。他的母亲说："几时你要写一样东西，一定先要把这样东西观察得十分清楚然后下笔。"这是怎样合理的话。所以我们在作文之前，尤其是在写记叙文前，得先有细细地观察这一段工作。

有了搜集和观察所得的作文材料，还要加以好好的整理。在材料的整理时，实在只有一点值得注意，就是舍弃得。我不在作文时，常因搜集或观察所得的材料，曾费过一番辛苦，不忍舍弃，尽量地容纳，结果转使得做成的文章芜杂不堪。我们作文章，该明白这不是开残废院或是杂货店。如是开残废院，可以容纳瘸腿瞎眼的人；如是开杂货店，可以把各色各样的货一齐放在货架上。作文章要顾到全文的统一，有些材料不可用的只有舍弃，一点不可存着惋惜的念头。从前有人作诗，只要觉得某一句有一些不妥，随即涂去不要。别人代他惋惜，他自己却说："是自家东西，日久还可再来的。"这种舍弃得的精神，是值得我们效法的。

材料整理好了，在未落笔以前，更要深深地思索一番。我们写一篇文章，无论长短大小，对于这篇文章如何起头，如何收尾，中间又预备写些什么，在未写之前，本来都得要有一番思索的。不用思索，信笔写去，势必前言不对后语，在形式上，在内容上，造成的结果，必是枝蔓重复。《旧唐书》上说："王勃属文，初不精思。先磨墨几升，则酣饮引被覆面卧。及寤，援笔成篇，不易一字。时人谓勃为腹稿。"王勃初不精思，似乎是作文不用思索。其实在他酣饮之后，引被覆面卧的时候，正是他聚精会神从事思索的时候。等到他思索好了，援笔成篇，自然能不易一字。我们若以为他是真睡觉，那就受了王勃的欺骗，《隋书》上说："薛道衡构文，必隐坐空斋，蹋壁而卧，闻户外有人便怒。"《宋史》上说："田诰作文构思，必匿深草间，绝不闻人声；俄自草中跃出，即一篇成矣。"这样深深的思索，看似有些神经失常，实在是用心作文时所应当的。

※ *本讲提要* ※

未作文以前，该有一些准备的工作。便是对于材料方面要勤勤地搜寻，细细地观察，好好地整理，深深地思索，一些不可苟且，一些不得疏忽。

第十二讲　既作文以后

在未作文以前，对于材料方面要勤勤地搜寻，细细地观察，好好地整理，深深地思索。在既作文以后该是如何呢？这一层，你必然问到。我回答你的很是简单，仅仅"勤推敲"三字。

什么叫推敲？你若是查查《辞源》，在"推敲"这一个词下面，是写着这样的一段故事：

> 贾岛赴举至京，骑驴，赋诗，得"僧推月下门"之句，欲改"推"作"敲"，引手作"推""敲"之势，未决。不觉冲大尹韩愈，乃具言。愈曰："敲字佳矣。"遂并辔论诗。

《辞源》的编者，在这故事下面加以解释道："今谓斟酌字句为推敲,本此。"其实推敲的含义,不仅在于斟酌字句,连意思也包括在内。推敲和商量的意思差不多,宋人欧阳修说:"为文有三多:看多,做多,商量多也。"所谓"商量多",就是我所说的"勤推敲"。

凡人作文,固然有迟速之不同,但是推敲的工作则同样的必要。有人以为作文快的能"下笔成章""文不加点",可以无需推敲,这实在是肤浅的观察。作文快的人不过把推敲的工作放在作文的时候,一面写作,一面推敲,等到写作完了,也就推敲好了,如此而已。无论如何,文章作好,还得推敲,这是必要的。

负这推敲之责的有两方面:一是自己,一是别人。除非你自己不继续地学习,不然,你今天写的文章,放在抽屉里,隔几天以后,自己再取出来看看,必然会感到作得不好。别字,不要的词句,你定可发现出许多,不须别人来指摘,自己也会改正的。不过你得细心。不细心,浮夸变了着色的眼镜,自己的缺点,常能忽略过去。我曾看见一个学生写《春之故乡》一文,他竟说到他故乡常州的春天池子里荷花如何美丽,他就忘却荷花是夏天的花,春天没有的。他有此错误,就因为没有细推敲;如果细推敲,必不会有这种错误的。又须有决心。无论谁人作文的成绩如何,自己辛辛苦苦作成的,总不免有些爱惜。就因为有些爱惜，在推敲时感到不好的地方，有时会加以原谅，不忍割爱。这是一种错误，文章中有不好的地方，自己虽能原谅，不割爱，但是别人不会原谅，依然要讥议的。所以在推敲时既要能细心，更要有决心。又在推敲时还得要借重字典辞典等工具书。有疑就查，这是帮助自己能力不够的，不可懒散不做。

除自己推敲以外，更须和别人推敲。程度比你好的固可看出你的错误和不妥之处，即便程度比你坏的有时也可看出你的错误，这就是"智者千虑，必有一失；愚者千虑，必有一得"的意思。"当局者迷，旁观者清"，自己的文章上许多缺点，常会被自己的自信心所蒙蔽，必得要在别人客观的眼光中看出来。在这一点上，和别人推敲的价值就看出来了。不过和别人推敲，要能虚心；不虚心，"自尊"会变了着色的眼镜，就不能心悦诚服地接受别人的批评，而别人在你自尊的情态下也就不会竭尽心力地来批评。这样的推敲，等于不推敲，有何用处？所以和别人推敲，必当虚心。在别人提出批评以后，可详细地和别人斟酌，更自己向自己斟酌，然后对自己的文章加一番润饰，其结果必较以前的美满得多了。

※ 本讲提要 ※

既作文以后，推敲的工作必不可少。在自己和自己推敲时，要能细心，要有决心；在和别人推敲时，要虚心。

第十三讲　文库和学习团的组织

在第七讲中,我曾说到精读宜熟,略读宜博,在第十二讲中,我又曾说到推敲的重要,假如你想免去孤陋寡闻,假如你想增加学习的效能,更应当有文库和学习团的组织。

先说学习团的组织,下面是几条简单的规约:

(一)团员不必过多,要确实有志于读书并且有恒心。

(二)团员须各自认定几种读物,在限定时间内学习完毕。

(三)每种读物,于学习完毕后必须有一篇读书报告。报告内容略分:

(甲)内容略述。

(乙)内容批评(分美点和缺点两方面,每一方面又可分意义和结构两方面)。

（丙）学习时所感之困难（辞句和意义各方面有不了解或不甚了解之处，都在本段逐条提出）。

（四）报告完成后，通知团中互相推举出的干事，择期由原报告人向全体团员报告。

（五）报告后由干事将报告原文轮流交由各团员详细阅览，并由各团员附述阅览后的意见，再汇交原报告人参考。

（六）定期征文，各团员均须应征，其题目由干事转请教师拟定。

（七）征文收集齐全后，全部张贴在规定地点，由团员随时阅览。

（八）定期举行投票，决定初选优劣。优者再由干事敦请教师确定最后之名次。然后油印前数名原文分发各团员参考。

再说文库的组织，下面也是几条简单的规约：

（一）文库的组织人就是学习团的全体团员。

（二）各团员每月至少须购新书一种（最好是彼此不同），暂时交存文库。

（三）公推一人为文库干事。

（四）文库中所有书籍杂志，由干事将书目通告各团员。

（五）公订借书规约，关于借书还书时间以及遗失损坏后赔偿办法须一律遵守。

（六）借阅人于阅读后须将学习情形书面报告文库干事。

（七）阅读报告积聚略多后，可由干事择日开一阅读展览会，供全体之观摩。

（八）各团员书籍仍归个人所有，于离校时发还。

以上是文库和学习团组织时简单的规约，在应用时还得要增加许多条例，总要切实合用，大家都能遵守。自然，设立文库和学习团也须有一点费用，这费用可先向各团员征收一个很小的数目。须不浪费，节俭地用，其收支情形又须在一定的时间中向各团员报告。此外，团员不遵守规约应有惩戒，这惩戒办法，也得先行明白确定。须适当，执行起来须无偏无倚，这才能服众，大家也才能心悦诚服地遵守。

又组织文库和学习团，原是想免去一个人的孤陋寡闻，增加彼此学习的效能，所以彼此间固要有共守的规约，还要有浓厚的友谊。有了浓厚的友谊，彼此间便可增加联络的机会、研习的兴趣。而对于文库和学习团的事大家也就乐于谋它的发展，不致虎头蛇尾，有始无终了。

——这是学习国文时必要的举动，所以在最后郑重地讲了给你听,你可照样做做看吧!

※ 本讲提要 ※

文库和学习团是学习国文时必要的举动,须集合同志组织起来,这样既可免去一个人的孤陋寡闻,又可增加彼此学习的效能。

(完)

洪为法的国文教育观

崔余辉　徐林祥

洪为法是中国现代文学史上著名文学团体创造社的重要成员、进步作家,也是中国现代语文教育史上有影响的语文教育家。他作为创造社成员和作家的身份为人熟知,但作为语文教育家的身份却鲜有研究。洪为法在长期的国文教学实践中形成了独具特色的国文学习观、阅读教学观和写作教学观,他的国文教育观集中反映在著作《国文学习法》中,对当今语文教育仍具有重要指导意义。

一、生平和著述

洪为法(1900—1970),字式良,曾用名洪炳炎,又曾用笔名石梁、天戈、为法等,江苏扬州人。

洪为法是创造社第二期成员,与郭沫若、郁达夫、成仿吾、赵景深、李初梨等文坛老将皆为好友,致力于扫除旧势力，传播新思想。洪为法曾经担任创造社刊物《洪水》的编辑，这个杂志虽然办刊时间不长，却被喻为令旧势力颤抖的"洪水猛兽"，在当时影响颇大。创造社是当年文坛上最激进的文学团体，洪为法与郭沫若因创造社结缘。1925年年初，郁达夫聘请郭沫若去武昌师大当文学系主任，郭沫若谢绝，洪为法的规劝给郭沫若留下深刻印象。郭沫若在《创造十年续篇》中写道：

> 武大出身的洪为法，当时是常在和我通信的，他的劝法尤其直率。他说，要在中国文化界树立一势力，有入教育界的必要。中国人是封建思想的结晶，只要正式地上过你一点钟的课便结下了师生关系，他便要拥戴你，称你为导师，而自称为弟子。如仅是著书立说，不怕尽有人深切地受了你的教益，他是讳莫如深的。一会儿要和你道弟称兄，一会儿还要骂得你涅槃出世。这真是不合算的。他这番话，倒的确也道破了一部分的真实。[①]

这段话是洪为法对好友入教育界的规劝，同时也揭示

---

① 郭沫若：《创造十年》，云南人民出版社2011年版，170页。

了他从文学界入教育界的初衷，即通过教学让学生接受思想启迪与教益。

洪为法长期从事语文教育工作。他1919年从江苏省立第五师范学校毕业后，即担任该校附属小学教师；1921年考取国立武昌高等师范学校（今武汉大学）国文系，1925年毕业后任江苏省立第五师范学校（今扬州中学）初中部国文教师；1927年任湖北省立第二中学国文教师、事务主任；1928年任江苏省立南京女子中学国文教师；1929年任江苏省立镇江中学国文教师；1932年至1936年，洪为法先后在山东省立第二师范学校、江苏省立上海中学、江苏省立栖霞乡村师范学校任教；1942年，在江苏省立第一临时中学任教导主任和国文教师；1945年任江苏省立镇江民众教育馆馆长；1949年，先后任江苏省立扬州中学教师、上海南洋模范中学教师；1951年又回到扬州中学任教；1952年调到苏北师范专科学校①任教，任中国语文教学小组组长、中国语文专修科副主任，1957年任校图书馆馆长，1958年遭到错误批判处理，1970年病逝于扬州。

洪为法的国文教育观是在五四新文化运动的影响下逐

---

① 苏北师范专科学校1959年升格为扬州师范学院，扬州师范学院1992年与扬州的五所高校合并为扬州大学。本文部分资料来源于扬州大学档案馆。

步形成的,受新思潮影响,他提倡白话文,创作新诗和新小说,成为新文化运动的拥护者。他国学功底深厚,擅长写美文尤其是小品文。赵景深在《洪为法》一文中这样评价:

> 他近来常写小品文。即使是写文学论文,其本身也是艺术。他的《绝句论》写得很漂亮,间或分撒着美丽的句子,使人读起来如听一个密友娓娓的谈话。他的《中国文人故事讲话》得到许多读者的赞美;因为他写得很轻松,跃动,同时在实质上也很充实;所引证的书大都是所论到的文人的同时人的记录,不得已才采用隔代人的笔记,这态度也是值得佩服的。①

洪为法一生作品丰富,创作随笔散文集《长跪》(光华书局1927)、《做父亲去》(金屋书店1928)、《为法小品集》(北新书局1936),诗歌集《他·她》(世界文艺书社1929)、《这工头阿桂》(世界文艺书社1933),小说集《呆鹅》(文华美术图书印刷公司1931),专著有《国文学习法》(与胡云翼合著,亚细亚书局1933)、《民族独立运动概论》(民智书局1934)、《绝句论》(商务印书馆1934)、《律诗论》

---

① 赵景深:《文人剪影 文人印象》,三晋出版社2014年版,75—76页。

（商务印书馆1935）、《国文学习法》（中华书局1935）、《古诗论》（商务印书馆1937）、《谈文人》（永祥印书馆1947）、《柳敬亭评传》（古典文学出版社1956）等。编著有《曹子建及其诗》（光华书局1931）、《文人故事选》（北新书局1934）、《总理故事集》（民智书局1934）、《新体编制初级应用文》（正中书局1936）、《认识"真正的人"》（四联出版社1954）、《郑板桥的故事》（江苏人民出版社1958），选编诗文集《莲子集》（北新书局1929）、《传记文选》（北新书局1935）、《李渔文选》（北新书局1937），此外，还有未结集出版的《扬州续梦》《扬州说书》等。

洪为法的国文教育思想集中反映在他的著作《国文学习法》中。笔者所见《国文学习法》有四个版本：洪为法、胡云翼合著，亚细亚书局1933年出版，为"文学基本丛书"之一种；洪为法独著，中华书局1935年出版，为中华书局"初中学生文库"之一种；洪为法、胡云翼合著，中国文化服务社1936年出版，该书内容与亚细亚书局1933年版相同；洪为法独著，1947年中华书局出版，为中华书局"中华文库（初中第一集）"之一种，该书内容与中华书局1935年版相同。此外，还有洪为法、胡云翼合著的《国文学习指导》，文友书店1942年在广西桂林印行，内容也与亚细亚书局1933年版相同。

《国文学习法》亚细亚书局1933年版（以下简称"亚版"）由胡云翼撰写"导言"部分，洪为法撰写"读法"和"作法"部分，"读法"分六章讨论了读文的目的、读者的修养与态度、读文方法之研究（上下）、读书与札记和读物的选择，"作法"分六章讨论了作文的工具、作文与经验、材料的搜集与整理、技巧的训练、字句篇章的组织和各种文体写作。该书有胡云翼所作"题记"[①]。

文友书店1942年出版的《国文学习指导》删去了该"导言"。

《国文学习法》中华书局1935年版（以下简称"中华版"）分十三讲介绍了国文学习前的准备、学习工具的选择、阅读的方法、写作的方法以及学习团和文库的组织等。与亚版相比，中华版更为全面地阐述了洪为法关于国文学习的观点，而不局限于国文的读写，全书以与初中生交谈的口吻行文，每讲附"本讲提要"，娓娓道来，可读性强，渗透了洪为法以学生为中心的国文学习观。

---

① 见本书1页。

二、国文学习观

《国文学习法》中所言"国文",不是专指中国文学或国学,也不是专指中国的文化与文明,而是指学校里的国文课程,也即我们今天所说的语文课程,泛指中国语言文字的学习,既包括文言文,也包括语体文。洪为法的国文学习观以学生为主体,涉及学习兴趣的培养、学习工具的选择和学习共同体的构建等方面,对养成良好的学习习惯、提高国文学习的效率,有着重要的指导意义。

1. 学习之始要营造学习的氛围以引起学习的兴趣

洪为法遵循学生学习心理规律,主张"在每次刚要开始学习的时候,最好先造成一种学习的氛围,引起学习的兴趣"。[①] 所谓造成一种学习的氛围即以兴趣为驱动形成自动学习的状态。洪为法在中华版《国文学习法》第一讲中着重讲述了"学习之始的三部曲",即学习国文,须先引起爱好之心,由爱好而自动学习,在自动学习中,便可发生学习的兴趣。自动学习区别于被动学习。洪为法援引清人郑日奎《醉书斋记》中"或歌或叹,或笑或泣,或怒骂"的沉湎读书的情景,来说明自动学习的兴趣无穷,引用

---

① 见本书33页。

《战国策》中苏秦"读书欲睡,引锥自刺其股,血流至足"的典故来说明被动学习的苦不堪言,郑日奎的学习境界虽难以达到却值得效法,苏秦的行为虽易于效法但是却并不可取。古人云:"知之者不如好之者,好之者不如乐之者。"(《论语·雍也》)学习的过程必经三个阶段,即"勉而行之,安而行之,乐而行之"①。在国文学习中,要使"勉而行之"的这一阶段很快过去,凭借兴趣的驱动,让学习变成"乐而行之"的愉悦之事。学习国文如驾驶自由车,由引起注意到主动接近,再到引发兴趣和勤奋练习,最终驾驶纯熟,自然水到渠成。

2. 字典和笔墨纸砚是国文学习必不可少的工具

学习工具的选择譬如择友,字典和笔墨纸砚都是国文学习中必不可少的好友。字典与词典是国文学习时最重要的工具。洪为法说:"学习国文不备字典,等于要吃饭不备碗筷,在学习时必增添许多的困难。"②字典要备置比较好的版本,好的字典如师长般答疑解惑,谬误百出的字典则让学生误入歧途。学生在国文学习的过程中如遇疑难处,须不惮其烦地检阅字典词典。笔墨纸砚作为文房四

---

① 见本书34页。
② 见本书32页。

宝，古往今来被读书者视为珍宝，一来可供学习者勾画圈点或摘录，二来也可增加读书的乐趣。国文学习者应让以上好友常伴左右，以便时刻接近，随时随地学习。

3. 学习团和文库的组织可以增加学习的效能

洪为法还主张组织学习团和文库，一方面可免去一个人的孤陋寡闻，另一方面又可以增加彼此学习的效能。学习团的组织需要遵循以下规约：一是团员有志于读书且有恒心；二是规定学习任务，团员限期完成并撰写读书报告，集体交流；三是团员定期参加征文，作品张贴展览，并择优印刷分享。文库的组织也要遵循以下规约：一是学习团成员购置新书，交存入库，公开借阅；二是定期召开阅读分享会；三是团员书籍归个人所有，离校时发还。学习团和文库的组织，实质上蕴含了构建学习共同体的理念，旨在通过互助合作和共享资源来提高国文学习的效率。

三、阅读教学观

洪为法的阅读教学观主要包括阅读目的观、阅读态度观和阅读方法观，其中阅读方法观涉及一般的读文方法和不同文体的阅读法。

1. 阅读教学具有增进知识、启发思想、训练文章和鉴赏文学的多重目的

关于阅读的目的,古有"文以载道""文以明道"和"文以贯道"的说法,文道不可偏废也成为阅读教学的基本原则和要求。洪为法认为,阅读教学有四重目的:一是增进知识;二是启发思想;三是训练文章;四是鉴赏文学。首先,阅读可以让学生积累语文学科知识,同时广泛涉猎哲学、社会学等跨学科知识。其次,选文所承载的优秀思想,是启迪学生思想的天然养分。"因为文章作得有力之故,许多中学生的思想,多从国文里面得来。"[1]再次,阅读还可以为写作打下基础,"我们读文,除了知识与思想的受益外,最重要的是训练如何作文章。"[2] 以抒情文和写景文为例,这类文章多注重文字的描写,我们可从文章的写作技巧方面去探讨其价值。最后,阅读是文学鉴赏的渠道,如纯文学作品总能给读者带来净化的美感,引发读者以美的态度来鉴赏文章的优美之处,从而获得审美能力的跃升。

---

[1] 见本书26页。
[2] 见本书27页。

2. 坚守"四到"和"四要"的态度随时随地阅读

阅读的态度即接近书的态度,洪为法指出,"接近书籍的正当态度,是把书籍当着兄弟一样地亲爱它"。① 热爱阅读表现为随时随地读书,坚持"四到"和"四要"。随时随地读书是对阅读时间和场域的外在要求,"四到"和"四要"则是对阅读者修养的内在要求。

阅读不应受时空的限制,要随时捕捉时间、随地利用空间进行阅读。随地读书体现了阅读者对环境的适应能力。洪为法引用欧阳修《归田录》中钱思公"坐则读经史,卧则读小说,上厕则阅小词"的例子,来说明不论什么地点都可以阅读,读书并非窗明几净不可。随时读书则充分体现了阅读者善于利用时间。洪为法赞赏利用"四余"读书,他列举了三国时董遇利用"三余"读书的例子,所谓"三余",是指"冬者岁之余,夜者日之余,阴雨者时之余"(《魏略·董遇传》)。朱高安相国将"老者生之余"作为第四余,蕴含了终身学习的妙处。无论是三餐之后,还是旭日东升或皓月当空之时,都是读国文的时机。

读书还要坚守"四到"和"四要"。洪为法指出:

---

① 见本书148页。

> 胡适说读书有四到：眼到、口到、心到、手到。毛先舒说读书有四要：收、简、专、恒。所说都是很对。不过要眼到、口到、手到，须得先要心到。而要真正地心到，又必须先做到四要：能收、能简、能专、有恒。①

做到了"四要"，才算是真正的"心到"，这是国文学习时必有的修养。"心到"包含了专心、细心和恒心三个要素。专心是学习时必要的条件，郑日奎在《醉书斋记》中近乎痴狂的阅读境界，即专心阅读的表现，他已经将自己的生命浸沉于书。若只专心而不细心，则阅读不易深入。孟子曰："虽有天下易生之物也，一日暴之，十日寒之，未有能生者也。"(《孟子·告子上》)读书亦如此，贵在持之以恒，贵在不畏难、不浮夸，不一曝十寒。

3. 综合采用默读和朗读、精读和略读、统读和分读等一般读文方法

一般的读文方法包括默读和朗读、精读和略读、统读和分读、读文的腔调等不同的维度。

洪为法认为，看书不如读书，读比看的功效大，读

---

① 见本书 159—160 页。

书分默读、朗读两种,朗读有时比默读的功效大。尤其是在精读的时候,朗读可以把文的构造和感情两方面深切体会到。朗读又可分快读、缓读两种,各有其用。姚鼐说:"疾读以求其体势,缓读以求其神味。"(《惜抱轩尺牍·与陈硕士》)缓读有助于精神要义的领会,快读有助于内容的熟悉。当然,快读并非囫囵吞枣,快读是"努力的'快',是可能范围以内的'快'",而不是"草率的'快',但求了事的'快'"①。

精读在于打基础,略读在于充实内容,两者不可偏废。精读要熟读深思,要有"读破一卷书"的可贵精神;略读要有计划地博览,并且要投合自己的兴趣,适应自己当前的需要,可围绕精读的作品往外拓展阅读。此外,更须以书本外的知识经验来增加读书的效能,以减少读书时的隔阂。

关于统读与分读,宜先统读一两遍,把握全篇精神和内容概要,然后再分读,具体研究文章的内容。全篇从头到尾、一气呵成的统读,虽能照顾全文内容,但缺乏细致而深入的理解,仅分段读也只能留下零零碎碎的美丽词句,而不能整体把握文章的结构与精神。关于默读和朗

---

① 见本书45页。

读、精读和略读，前人多次论及，洪为法有关统读和分读的论述揭示了阅读应该遵循从整体到部分再到整体的规律，坚持统分结合、循序渐进，具有独到之处。

洪为法还重视读文的腔调，有腔调的阅读有助于记忆和理解，无腔调的读是乱读，不足为法。腔调的高低、强弱、缓急，如要合拍，应先深入了解读物的内容。至于高低、强弱、缓急的分别和用法，叶圣陶和夏丏尊所著的《文心》中王仰之的读法可供借鉴，可用不同的符号标记文章语句的高低、强弱和缓急，阅读时心、眼、口、耳并用，注重抑扬顿挫。至于背诵的方式，可以按文体分别采用表演式的背诵法和讲演式的背诵法。具有故事性的记叙文可采用分角色表演式背诵法，抒情文和议论文可用讲演式，促进内容的记忆和理解。

4. 在阅读教学中不同的文体应把握不同的阅读要点和方法

在阅读教学中，不同的文体宜采用不同的方法。具体而言，读记叙文，要注意它的内容是否真实，层次是否分明，材料支配是否得当，记叙是否深刻。同时，还可以围绕主题开展比较研究，如比较魏学洢《核舟记》与钮琇的《核桃舫》，同写核舟，而描写的神妙各异。读抒情文，要注意其所抒发的感情是否真诚，是否具体。无病呻吟或轻描淡写，达不到动人心弦的效果。学习抒情文应避免机械模仿，因为写作技巧可以模仿，而情感却是不可以学别人的。以朱自清和俞平伯写的《桨声灯影里的秦淮河》为例，同写秦淮河，朱自清游览完感受到的是幻灭的情思，而俞平伯感受到的却是悄默的悲感，给读者的审美感受也不同。读议论文，要看作者如何表达中心思想，以及论证的根据。"又要细细地去推敲，不放松它一点，仿佛我们就是作者的敌人，"[①]学习文章论证的技巧，推敲其论证的逻辑，运用到自己的写作当中。洪为法提出的三种文体的不同学习法，体现了文体教学的意识，也反映了洪为法深厚的文学素养。

四、作文教学观

洪为法将作文分为三个阶段，一是事前准备工作，二是当时抒写工作，三是事后整理工作。[②]他尤其注重作文前的工具准备、个人经验的调动和素材的搜集，作文以后的反复推敲和篇章结构的组织。在把握以上基本写作程序的基础上，洪为法针对不同的文体也提出了相应的写作

---

① 见本书60页。
② 见本书120—121页。

策略。

1. 需要多重感官协同参与

传统的作文工具有脑和手,而洪为法认为,作文还需要眼、耳、口和双腿的参与。作文之前,大脑需思索,包括文章的规模长短,开头和结尾,以及写作的内容等。"(王)勃属文,初不精思,先磨墨数升,则酣饮,引被覆面卧,及寤,援笔成篇,不易一字,时人谓勃为'腹稿'。"(《新唐书·王勃传》)在洪为法看来,王勃酣饮覆面的时候实则是他聚精会神构思的过程。用手书写,则是抒发胸臆的过程。欧阳修说:"为文有三多:看多、做多、商量多。"(《后山诗话》)"做多"实际上就是多写、多操练,除了多练笔,还要多写札记。眼睛对于作文最大的帮助在于观察,为写作供给丰富的材料。法国作家莫泊桑的小说、中国作家施耐庵《水浒传》中如武松打虎的描写等,都显现出作者细致观察的功力。除了用眼观察,还需用耳聆听,如听秋雨淅淅、秋风飒飒,都能带给我们鲜明的感受,洪为法称之为"随物宛转"。"听"还意味着通过听闻他人故事来积累素材,以避免写作时信口雌黄或言之无物。蒲松龄写作《聊斋志异》就用了不少"听"的功夫。写作还需用"口"来读。杜甫云:"读书破万卷,下笔如有神。"这里的"读",不仅指默读,也包括朗读。所谓"平声者哀而安，上声者厉而举，去声者清而远，入声者直而促。"(《元和韵谱》)阅读前人的优秀著作，在引发感兴触动的同时，也有助于把握写作的技巧。写作中"双腿"的参与则强调了在游历中多见多闻的重要性。司马迁在游历的过程中铸就了文章的奇伟之气，"子长生平喜游，方少年自负之时，足迹不肯一日休，非直为景物役也，将以尽天下大观以助吾气，然后吐而为书，则其平生所尝游者皆在焉。"(《子长游赠盖邦式序》)王羲之的《兰亭集序》也是在游览山水间写下的千古名篇。以上六种工具不是非此即彼的关系，而是互相协调配合，为写作过程服务。

2. 要重视调动个体经验和搜集整理素材

写作要充分调动起个体的经验，贴近生活实际。那么怎样调动个人经验呢？首先要有清晰的自我认知，写作者不妨从自我开始写起，进而以自我为中心往外扩展，写身边的家人或同学，写学校的生活等。洪为法非常重视个人经验的积累，他将经验比喻为写作的基石，没有个人经验的作文就如同没有灵魂的躯壳。积累写作经验可以通过亲身经历，也可以通过广泛阅读获得。

仅仅调动个体经验是不够的，还要重视材料的搜集与整理，要"勤勤地搜寻，细细地观察，好好地整理，深深地思索，一些不可苟且，一些不得疏忽"[①]。怎样搜集和整理写作素材呢？洪为法将写札记视为有效方式，遇到感兴之时，随手记录，写作时再加以点缀，事半功倍。以"上海的素描"为例，札记内容可包括上海的地理、历史、各色人物的生活等维度，再润色成文。在洪为法看来，每日应学校要求写流水账般的日记不如写札记有效。札记的式样有抄录式、纲要式、批注式、注释式等，可以变化来用，在帮助学生积累素材的同时也增加了写作的兴味。

3. 要集中一点反复书写和反复推敲

文章写作的技巧同样重要，技巧训练主要有两个方面，一是集中一点反复书写，二是反复推敲。洪为法列举宋代词人张先有关"影"的诗词来说明集中一点反复书写的重要性，张先因为"炼"字的功夫，写出了许多经典词句，故又名"张三影"。既作文以后，推敲的工作也必不可少。推敲包含两个层面：一是自己和自己推敲时，要能细心，要有决心；二是在别人推敲时，要虚心。推敲的内容包括文章的字句、全篇的结构等。欧阳修强调为文要"商量多"，就有多推敲、多听他人意见的含义。

---

① 见本书193页。

4. 要注重字句篇章的组织

洪为法认为,文章中字句篇章之间互有联系。所谓"因字而生句,积句而成章,积章而成篇。篇之彪炳,章无疵也;章之明靡,句无玷也;句之清英,字不妄也"。(《文心雕龙·章句》)那么如何协调好字句篇章的关系呢?洪为法提出了以下几点要求。一是字法要正确巧妙。要做到用字正确,应注意"不可求古""不可好奇"。要做到用字巧妙,既要坚持经济的原则,减少冗字,又要写得精彩。二是句法要能稳当,有联络,不枝蔓。句法稳当是指句法句式使用得当,意义明晰无歧义。句法"有联络"是指上下文之间要有联系,不能割裂开来导致句意不连贯。句法"不枝蔓"强调的还是经济的原则,凡是多余词句,必须删繁就简,删减时要注意保留意义的完整性,以达到"善删者字去而意留"(《文心雕龙·熔裁》)的境界。三是篇法要能统一,有层次。篇法统一是指意义和形式上的统一,使得内容首尾相衔,不相矛盾。无论是记叙文、抒情文还是议论文,都需注重文章的层次。欧阳修的《醉翁亭记》可谓篇法统一的典范,既音律和谐,字句调和,又层次分明,由此及彼,由实入虚,前后联络照应。

5. 不同的文体应当采用不同的文章作法

洪为法按照写作材料和写作目标的不同将写作的文体

大致分为记叙、抒情和议论三种类型,并分别讨论了这些文体的写作技巧。

记叙文注重描述客观的事件,应着眼于观察事实,其作法如下:一要有事实,这是记叙文的基石。即便是想象,也要以基本的事实为基础,否则写出来的文章无异于空中楼阁。记叙文材料的来源包括历史上的事物、得自传闻的事物、亲见亲闻或亲历的事实和假借的事实四类[①],基本上都以事实为根基。二要有精确的观察,让记叙变得更加清晰生动。缺乏精细的观察,如浮光掠影或隔靴搔痒一般,写出的文章不够真切。

抒情文注重抒发作者的情思,应着力于描画情感,其作法如下:一要有真实的情感,情感是最不易模仿的,模拟他人之悲苦或勉为欢笑,如戴假面具一般,达不到真挚感人的效果。二要有巧妙的描写,描写的巧妙之处在于写得具体,将抽象的情感变得具体可感,如马致远的《天净沙·秋思》,将别离的情绪浸入荒寒的境地,通过"枯藤老树昏鸦""古道西风瘦马"等萧瑟景物烘托出诗人"断肠人在天涯"的悲苦。

议论文注重表达作者的见解,应致力于论证思想,其

---

① 见本书 132—133 页。

作法如下：一是要有中心的思想，即一种明确的观点、态度、主张或判断，或正面立论，或侧面立论，都必须围绕着中心思想来论述，切忌前后矛盾和逻辑混乱。二是要有真实的证据，以达到让人信服的效果。议论文中切忌夹杂个人的成见和意气，切忌离开论点、不举证据。好的议论文应纲举目张，有理有据，令人信服。

五、对当今语文教育的启示

八十多年后的今天，重读洪为法的《国文学习法》，仍然具有穿越时空的历史价值和现实意义。对当今语文教育仍具有重要启示。

1. 涵养忧国忧民的责任意识和热心育人的教育家情怀

作为创造社成员和进步作家的洪为法，既有一份知识分子的才气，又有一种关注国家和社会，忧国忧民的情怀。洪为法具备中国传统文人的特点，作得了旧诗，填得了好词，讲得了文人故事，具备深厚的国学素养和语言功底，这也为他从事国文教育打下良好的基础。他身上体现出来的知识分子的才气不是"两耳不闻窗外事"的自顾自的闲暇，而是心系祖国命运的担当。洪为法在担任《洪水》杂志编辑和《农民日报》副刊编审时，发表过不少传播新思想和歌颂革命的文章。1931年"九一八"事变爆发后，洪为法因为支持学生抗日而被迫辞职。1932年在镇江任教期间，兼任《现代日报》副刊《颤栗》编辑，因宣传抗日，被迫停刊。1933年，任江苏省立上海中学国文教师，因在《时事新报》副刊上发表揭露社会丑恶的短文被辞退。1936年，兼编上海《时代报》副刊《天问》，因为针砭时弊被迫停刊。1941年任国民党上海市党部宣传科长，曾编印抗日宣传材料，掩护过杜干全等人的革命活动。洪为法曾经在《蝶恋花》一词里写道："从教柳絮同漂泊"[①]，从以上辗转坎坷的工作经历可以看到，这种漂泊的背后实则是与时代的同频共振，是对国家和社会发展的关切。

作为语文教育家的洪为法，始终怀揣着教书育人的使命感。他一生从教，所著作品多为学生考虑。专为学生写作的除《国文学习法》外，还出版有《文人故事选》《传记文选》等中学国语补充读本。1936年，洪为法有感于坊间所出应用文书籍编制陈陈相因，枯燥无味，而普通初级中学及职业中学应用文一科，则多苦于无适当教本，特编写《新体编制初级应用文》，改用具体的事态，说明各类应用文意义、特点及其作法，且编撰时处处启发读者自动研究的兴趣。据徐光灿回忆，洪为法虽然精瘦，但是有

---

① 洪为法：《双玉轩词剩》（油印本），顾一平编，1992年，3页。

着一双炯炯有神的眼睛,上课前总是"端庄稳健地走上讲台,毕恭毕敬地向大家鞠躬"①,可见先生的谦逊。作为国文教师,洪为法教学有法,"先生每次授课都极认真,声情并茂,朗朗上口,时间掌握得语止铃响,同学们总感觉50分钟太快。有时个别字词先生解释得与中华活页文选上的不一致,同学向他请教时他很高兴,指出这样解释的理由,还说不要迷信书本,书本也是人编的,要博览群书,多方比较,得出合情合理的解释"②。据张鸣春回忆,洪为法老师的"训育方针"是"做人第一"③,绝不含糊,他是一位望之俨然、即之也温的正统老师。

2. 树立以学生为本位的着力于学生全面发展的国文学习观

洪为法受到五四新文化运动的影响,接受了科学、民主思想的洗礼,因此他的国文教育观的着力点和落脚点都在于学生,具有鲜明的人文立场、民主精神和现代性。

一方面,他以学生为本位,遵循学生心理成长规律,关注学生的学习兴趣,重视学生的个体经验,不脱离学生实际和生活。传统语文教育虽不乏"启发诱导""教学相长"

---

① ② 徐光灿《忆创造社重要成员洪为法先生》,《文史月刊》,2005年第10期。
③ 洪为法:《双玉轩词剩》(油印本),顾一平编,1992年,20页。

的思想,但总体而言,对学生的自主学习和心理成长探索得并不十分深入。洪为法始终强调营造良好的学习氛围,激发学生的内驱力,学习兴趣被激发出来,学习的效果将事半功倍。阅读和写作教学中对学生个体经验的调动,以及对自主合作探究学习方式的倡导,反映了洪为法鲜明的人本主义观念。这样的国文学习观减少了对学生及其心灵的压制,鼓励学生正确认识自我和发现未知的自我,对激发学生的学习内驱力和创造性,提升国文学习的效果大有裨益。

另一方面,洪为法的国文学习目的观聚焦于学生综合素养的全面提升。回顾近百年语文教育发展的历程,辛亥革命后,蔡元培任教育总长,改学堂为学校,于1912年颁布《中学校令施行规则》,统一学制,将中国文字和中国文学合称为"国文",并规定了国文要旨在"通解普通语言文字,能自由发表思想,并使略解高深文字,涵养文学之兴趣,兼以启发智德"[①],强调多元的国文目的观。洪为法的国文教学目的观主要包含了以下四层要义:一是增进知识,二是启发思想,三是促进表达,四是提升鉴赏,囊

---

① 课程教材研究所:《20世纪中国中小学课程标准·教学大纲汇编:语文卷》,人民教育出版社2001年版,272页。

括了知识与能力、思维与审美等多维目的。《普通高中语文课程标准(2017年版)》提倡建立"语言建构与运用""思维发展与提升""审美鉴赏与创造"以及"文化传承与理解"的语文核心素养体系。复合多元的国文学习目的观,旨在以语言为本体发挥综合育人功能,启发我们思考语文教育的内涵与边界问题。

3. 借鉴传统语文阅读教学的经验培养学生良好的阅读习惯

洪为法的阅读教学观根植于中国语文教育的传统。中国古代阅读教学始于先秦,在两千多年的发展过程中,积累了宝贵的阅读教学经验。

从阅读的目的来看,"文""道"不可偏废,阅读教学既可以获得"文"的技巧,也可以收获"道"的启迪。洪为法认为,阅读教学既可以让学生获取知识,也可以启发思想,亦可以收获写作的技巧和审美的提升。在语文阅读教学中,要注重观照文章的内容和形式,既要关注语言文字本身,引导学生丰富语言积累,培养语感,正确运用祖国语言文字,又要关注阅读内容的价值取向,汲取文化智慧,培养审美情趣,帮助学生形成正确的世界观、人生观和价值观。

从阅读的方法来看,注重"熟读""精思"和"博览",

综合运用多种阅读方式。荀子曰:"君子之学也,入乎耳,箸乎心,布乎四体,形乎动静。"(《荀子·劝学》)即通过感觉器官感知文字符号,通过诵读和思索有所通达。朱熹提倡读书"三到",即眼到、心到和口到。洪为法所强调的"四到"和"四要"汲取了朱熹、胡适和毛先舒等人的思想与经验。读有多种方式之分,按照出声与否分为默读和朗读,按照详略与否分为精读和略读,按照内容范围分为统读和分读,各得其所。新课程标准对"整本书阅读"的强调,是对语文阅读教学"熟读""精思"和"博览"的复归。

4. 构建作文教学的基本序列和读写结合的文体教学模式

洪为法在借鉴传统写作教学经验的基础上,尝试构建写作教学的基本序列。从写前准备到写作实施,再到写后修改,有其基本的程序和要求。洪为法强调写作前的经验调动和素材搜集。古人写作讲究先"放"后"收",洪为法所提倡的充分积极调动个人写作经验是"放"的过程,而反复描写和推敲则是"收"的过程。写作时需要兼顾形式与内容的统一,字词句篇的稳当准确,这与古人所强调的"词""意"并重也是一脉相承的。此外,洪为法提倡多作、多改和勤写札记,也是传统语文教育积累的宝贵经验。欧阳修指出，要练就文字功夫，"无他术，唯勤读书而多为之"（《东坡志林》），说的就是要多作多改。洪为法对写作教学优良传统的继承弘扬，对于改进我们今天的写作教学，让学生回归生活，在一定情境中写作，尊重学生的独特体验，形成科学有效的训练体系和教学方法，也是有启示意义的。

遵循阅读和写作教学的基本规律，强调阅读与写作的融合，分文体进行读写训练，这是洪为法语文教学观的一大特色。洪为法的阅读教学观和写作教学观是互相融合、互相渗透的。从阅读的目的来看，其中之一就是通过阅读获得写作的技巧，即以阅读促表达，这是阅读与写作的联动。从阅读的技巧来看，重视朗读的重要性，通过朗读领悟文章的精神内涵和形式美感，这对作文教学也有益处。从不同文体的阅读法来看，强调阅读记叙文时注重叙述的真实，看抒情文注重情感的表达，看议论文注重论证的充分，这与不同文体的写作要点是一一对应吻合的。叶圣陶曾经说过："阅读和写作是对等的两回事。"[1]张志公也曾指出，我国传统语文教学的经验之一是"建立了以大量的

---

[1] 叶圣陶：《叶圣陶语文教育论集》（下册），教育科学出版社1980年版，553页。

读、写实践为主的语文教学法体系"。[①]洪为法在传统语文教育经验的基础上构建的读写结合的语文教学范式,并将合作学习和文体教学的理念融入读写训练,对当今语文阅读和作文教学同样是有借鉴意义的。

就像历史洪流中的一朵浪花,洪为法在二十世纪五六十年代曾经遭受错误的批判与处理,直至1986年方恢复名誉,得到昭雪。1988年,洪为法之女洪美在其碑文中写道:"他一生勤于写作,热心育人,追求光明。"如今,洪为法的著作散佚颇多。在语文教学改革逐步推进的今天,了解和认识洪为法先生,重新出版洪为法著《国文学习法》,汲取他语文教育思想的精华,不仅有助于今天的语文教育改革和发展,也是对洪为法先生最好的缅怀与纪念。

---

① 张志公:《传统语文教育教材论》,徐林祥编《百年语文教育经典名著》第12卷,上海教育出版社2017年版,125页。

编后记

洪为法是五四新文化运动早期文学社团——创造社的成员,他是进步作家,也是有着十余年国文教学经验的国文教师。其国文教学思想集中体现在《国文学习法》一书中。据崔余辉和徐林祥研究,《国文学习法》出过四个版本(见本书附录的《洪为法的国文教育观》一文),但除去内容一致的,主要就是二种:亚细亚书局1933年版,是"文学基本丛书之一";中华书局1935年版,列入"初中学生文库"。亚细亚版有胡云翼撰写的"题记"和"导言",正文分"读法""作法"二编;中华版设想以一名初中生为听者,行文风格类讲稿,简明扼要。因叙述风格不同,故篇幅、深浅亦有不同,其核心思想基本一致,有极个别用例重复,内容可参看。本书将两种《国文学习法》合刊于一册,便于中学生、教师和研究者参考。原书均为竖排繁体,改横排简化字,编辑过程中核对了引文,修改了明显错讹,其他一概从旧。